曲艺卷（上）

非物质文化遗产普及读本

山东城市出版传媒集团·济南出版社

图书在版编目（CIP）数据

山东省级非物质文化遗产普及读本. 曲艺卷. 上 / 山东省文化和旅游厅编. -- 济南 : 济南出版社, 2019.1（2023.3重印）

ISBN 978-7-5488-3511-0

Ⅰ. ①山… Ⅱ. ①山… Ⅲ. ①非物质文化遗产 - 山东 - 普及读物②曲艺 - 介绍 - 山东 Ⅳ. ①G127.52-49 ②J826

中国版本图书馆CIP数据核字(2018)第295878号

出 版 人　崔　刚
责任编辑　冀瑞雪　冀春雨
图书审读　孙　莹
封面设计　李海峰

出版发行　济南出版社
地　　址　山东省济南市二环南路1号（250002）
编辑热线　0531-86131747（编辑室）
发行热线　86131747　82709072　86131729　86131728（发行部）
印　　刷　三河市祥达印刷包装有限公司
版　　次　2019年1月第1版
印　　次　2023年3月第2次印刷
成品尺寸　170mm × 240mm　16开
印　　张　6.25
字　　数　87千
印　　数　6001—8000册
定　　价　42.00元

编委会

序 言

习近平总书记指出："文化是一个国家、一个民族的灵魂。文化兴国运兴，文化强民族强。中华优秀传统文化是我们最深厚的文化软实力，也是中国特色社会主义植根的文化沃土。要积极推动中华优秀传统文化创造性转化、创新性发展。"在悠悠五千年的历史长河中，中华文明绵延不绝，历久弥新，孕育了丰富的精神文化财富。非物质文化遗产是中华优秀传统文化的重要组成部分，代表中华民族鲜活的文化基因，是民族历史的传承和民族精神的凝缩，是自古以来劳动人民智慧的生动展现。传承和弘扬中华民族优秀传统文化，挖掘和保护中华民族非物质文化遗产，研究和利用齐鲁大地的优秀文化遗产，是时代的要求，是历史的必然，是人民的期盼。

山东是孔孟之乡，礼仪之邦，拥有悠久的历史和灿烂的文明。在这片广袤的齐鲁大地上，生长着韵味十足、特色鲜明的非物质文化遗产。神秘动人的民间文学、地域鲜明的民俗传统、风格迥异的传统音乐、独具神韵的传统舞蹈、意味无穷的传统美术、丰韵绵长的戏剧曲艺、通灵入化的体艺杂技、创意灵动的手工技艺，都饱含着齐鲁儿女的创造力，深藏着齐鲁大地的智慧，是齐鲁文化的重要代表之一。灿烂的非物质文化遗产充分展现了齐鲁儿女独具品味的审美个性和别具一格的思维方式，是山东文化发展的见证。

山东是非遗大省，非物质文化遗产资源极其丰富，非遗保护工作一直走在全国前列。目前，我省共有联合国教科文组织认定的"人类非遗代表作名录"项目8个，国家级名录173项，省级名录751项，现有国家级传承人94名，省级传承人447名，3家企业被文化和旅游部命名为"国家级非遗生产性保护示范基地"，共有68个省级非遗生产性保护示范基地，有1个国家级、10个省级文化生态保护实验区。为弘扬中华优秀传统文化，充分展现我省非物质文化遗产的博大精深和独特魅力，山东省文化和旅游厅组织编纂了《山东省级非物质文化遗产普及读本》系列丛书，本套书分辑出版。第一辑共5册，包括民间文学类3册，包含80个省级民间文学项目；民俗类2册，包含50个省级民俗项目。第二辑共8册，240个省级非遗项目，包括传统音乐类上下册，有55个省级传统音乐项目；传统舞蹈类上下册，有70个省级传统舞蹈项目；传统戏剧类上下册，有66个省级传统戏剧项目；曲艺类上下册，有49个省级曲艺项目。以后还会陆续编纂其他系列的丛书。本套丛书内容主要是以各市、各单位申报省级非物质文化遗产代表性项目的素材资料为依据。

本套丛书通过故事叙述与文化阐释相结合，以图补文与多方视角来讲述，涵盖历史渊源、基本内容、表现形态、传承发展、社会价值等方面。相信通过此套丛书的出版，必将使广大读者更加生动、全面、系统地了解山东省非物质文化遗产的传承历史、表现形态、文化内涵及保护现状，必将进一步增强广大群众的文化自信和文化自豪感。下一步，我们将以习近平新时代中国特色社会主义思想为引领，深入贯彻党的十九大精神，不断弘扬中华优秀传统文化，不断推动文化建设向纵深发展，为满足人民群众对美好生活的向往，丰富广大人民群众的文化生活，保障广大人民群众的文化权益，为深入推进经济文化强省建设，实现中华民族伟大复兴的中国梦而贡献更大的力量。

山东省文化和旅游厅党组书记、厅长　王　磊

目录 CONTENTS

山东大鼓（山东省艺术研究院）

2006年，“山东大鼓”被山东省人民政府列入第一批省级非物质文化遗产名录。同年被国务院列入第一批国家级非物质文化遗产名录。

山东大鼓发源于鲁北、冀南一带的农村，最初因伴奏乐器为犁铧碎片，名曰“犁铧大鼓”。后自《老残游记》始改称梨花大鼓，是我国北方大鼓中最早的一种。

在翻阅史籍时，我们会发现很多关于山东大鼓的记载。老蚕《说大鼓》载：“大鼓以梨花（即山东大鼓）为最早。梨花本名犁铧片，乃农具之碎片也。”陈汝衡《说书史话》中也谈道：“大鼓书发源于山东，所谓梨花大鼓乃是鼓书的老祖宗。”清末刘鹗《老残游记·明湖湖边美人绝调》叙述山东大鼓演员王小玉姐妹说书时，也说它“本是山东乡下土调，用一面鼓，两片梨花简，名叫梨花大鼓”。

山东大鼓起源早，历史长，遗产丰富，就书目而言，为适应赶集赶会、赴乡档子（在乡村做短期演出）的演出需要，首先发展起来的是被艺人称作“巴棍儿”的中篇书目。

据调查，山东大鼓艺人立门户是在明末清初，由祖师孙寿朋（固始人）、赵连江（临清人）联手创立，故曰“孙赵门”。二位祖师均为明代末科举人，明亡后不肯仕清，愤而下海说书。

图一　“鼓界皇后”鹿巧玲

至清中叶，山东大鼓发展成为一个具有相当影响性的民间职业说书形式，艺术表现手段趋于完备，已完成了《响马传》以及《刘公案》系列的中篇曲目，这两套书故事情节曲折、人物性格鲜明，唱词富于地方色彩，长年盛演不衰，被艺人们称为“响马传、刘大人，说书的财神”。此外，《金钱记》《丝绒记》《红风传》《双合印》《小英烈》等，也是当时经常上演的书目。以上书目在艺人不断地演出锤炼中，已由“趟口”发展为实口实词，成为山东大鼓的“看家活”。

山东大鼓的伴奏乐器有三弦、书鼓、梨花简。其中，三弦对演奏者有很高的要求，一般没有两三年以上的专门训练，是不能参加伴奏的。山东大鼓的前奏曲可达四、五把位，技巧繁复，间奏过门与唱腔结合紧密和谐。同时，伴奏者大多还兼有教师职责，对唱腔音乐的发展做出过重要贡献。

这一时期，山东大鼓在唱腔上发展出了北口捽缰调、南口梨花调和小北口三大派别。北口捽缰调也就是北口山东大鼓，一直流布于鲁北农村，主要由男演员演唱，与南口有着截然相反的风格。其唱腔顿挫有力，吐字掷地有声，故被称作“捽缰调”。所谓“捽缰调”，就是形容其演唱发声吐字重浊，如同老牛捽缰绳一般。北口山东大鼓以演唱中篇书目

图二　山东大鼓唯一国家级传承人左玉华演出图

为主，注重吐字，其旋律较少修饰，地方特色浓郁。随着艺人队伍明显扩大，嘉庆年间，山东大鼓发展出了五大支派，因代表人物名字中都有一个“山”字，故称为“五大山”。此时，山东大鼓的流行地区仍在鲁北冀南的广大农村，演员也多为男性。

到了清同治光绪年间，山东大鼓出现重大发展与转折，其标志是南口梨花调出现了女演员，并开始进入了济南等大城市。其中当属郓城义东堡的王小玉姐妹（白妞、黑妞）最为出色，她们于光绪十年前后进入济南演唱，引起轰动，使山东大鼓真正立足城市，成为山东大鼓发展中里程碑式的人物。白妞王小玉被誉为“红装柳敬亭”，除前文所述《老残游记》有详细记载外，凫道人《旧学庵笔记》、王以敏《檗坞诗存初稿·济城篇》等均有诗文称赞。

再到清末，山东大鼓陆续传至济宁以及河南开封等城市，相继出现了许多山东大鼓班社。这一时期，段儿书得到空前发展。一方面，各班社为了竞争，豢养落魄文人，结交墨客雅士，改编创作了许多独有曲目。据统计，此时上演的短篇曲目达到了二百余段，新增曲目以《三国演义》《水浒传》《红楼梦》《西厢记》等名著中的故事为主。另一方面，艺术上全面发展，出现了许多演唱风格不

图三　山东大鼓演出图

同的著名演员。如四大玉之首的谢大玉，以刚劲挺拔的“三国”段儿著名；号称“白菜心”的杜婉君以唱婉转缠绵的“红楼”段儿闻名，等等。加之二三十年代前后，谢大玉、李大玉、赵大玉、筱艳芳等都在上海灌制了唱片。唱片发行大江南北，山东大鼓因此发展成为一个具有全国性影响力的大曲种，并进入它发展史上的鼎盛时期。

山东大鼓进入城市以前，段儿书仅作为演员垫场和初学者教唱时使用，数量不过二三十段而已。题材大多来自当地的民歌、民谣，唱词朴实自然，富有地方特色，七字句式居多。进入城市后，为适应城市观众及女演员的演出需要，清末民初，段儿书得到空前发展，新发展曲目多以《三国演义》《红楼梦》《西厢记》等名著中的故事为题材，唱词规整文雅，以十字句式为多。

山东大鼓的音乐发展十分成熟，唱腔板式、伴奏、演唱技艺均达到了很高水平。另外，山东大鼓遗存的中篇书目，除故事本身外，更重要的是艺人从实践中总结出的创作经验和技巧，如：安瓜造点（扣子技巧）、灯挂子（套路式的情节结构）、搭桥过沟（扣子间的迅速连接），以及大批赋赞、贯口等。题材广泛、数量众多的短篇书目，更是不可多得的、高品质的民间文学作品。

山东大鼓在北方鼓曲中具有代表性，是研究曲艺发展规律的活标本。为此，山东省戏曲工作组曾组织山东大鼓著名老艺人记录了短篇曲目166段，中篇书目13部，共约300万字，同时对山东大鼓的历史、渊源进行了初步的调查，这些工作使山东大鼓得以有丰富而宝贵的资料流传下来。山东大鼓作为北方鼓曲中最早的一种，有着350多年的历史，是一定历史时期社会文化的结晶，是农耕文化的艺术象征。它也将在一代代人的传承与保护下，保留着自己的特征流传下去。

山东琴书（山东省艺术研究院）

2006年，“山东琴书”被山东省人民政府列入第一批省级非物质文化遗产名录。同年被国务院列入第一批国家级非物质文化遗产名录。

山东琴书早期被称作“小曲子”，后又名“唱扬琴”“山东扬琴”，直到1933年，著名艺人邓九如在天津青年会商业电台演唱时定名山东琴书，沿用至今。

元、明、清三代，山东境内俗曲盛行，流布地域遍及运河两岸，并向两边地区扩散。元燕南芝庵《唱论》云：“凡唱曲有地所，东平唱木兰花慢……”。明谢肇淛《五杂俎》载：“今京师有小唱……其初皆浙之宁绍人，今日则半属临清矣。”李开先《市井艳词》更记有俗曲流行情况曰：“虽儿女初学语者，亦知歌之。”流布于运河西侧的俗曲与黄河下游中原俗曲相汇合，就是“山东琴书”产生的基础。

山东琴书约在清雍正年间发源于鲁西南菏泽地区（清曹州府），迄今已有二百多年的历史。山东琴书为自拉自唱的曲艺形式，一般主要演员兼操主要乐器，其产生早期，乐器配置有很强的随意性。成熟后，扬琴、坠琴为各路琴书最主要的伴奏乐器，南路琴书多配置软弓胡、古筝，东路和北路则多配置琵琶、二胡等乐器。

明末清初，鲁西南单、曹二县的刘楼、尚楼、老爷楼、柳井一带，有些文士名流，喜好唱曲，他们连缀曲牌，编写唱词，抓筝抚琴弹唱自娱。曹县刘楼的富户还专门盖了竹楼，中砌水池，修琴台于水上，专供抚琴抓筝演练小曲，自名“琴筝清曲”，俗称“小曲子”。常于冬季农闲时，在地窨（yìn）子[①]中教唱，春节期间携琴访友，这种活动逐渐演变为“灯节赛会”，后又演变成为民间自娱性演出的“庄稼耍”。雍正年间，这些艺人们为了区别于一般江湖艺人，自称“儒门传清”，尊王尚田为头辈师爷。他们的表演以24回《白蛇传》为主要书目，另有少数短篇曲目，连缀使用的曲牌多达300余支。到光绪末年，灾荒连年，为生活所迫，曹县苗金福带领爱徒聂兆林等开始下海作艺，从此结束了自娱性演出，遂有了“唱扬琴”“打扬琴”等名称。

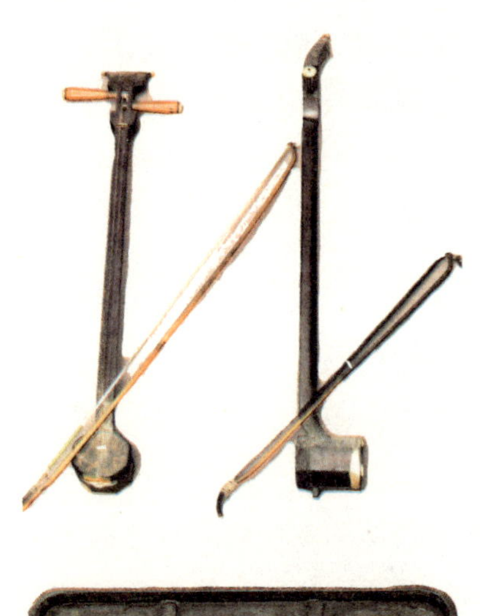

图一　部分伴奏乐器

清末民初，琴书艺术在济宁发展到鼎盛时期，陆续传入河南、安徽、江苏等地，也进入了济南。出现了一大批琴书名家，也有了多样化的演出风格，如：殷田昌端庄大度、贺金城大腔大韵。在群众中也有了“李清杰的琴，邢以魁的筝，刘继荣的嗓子盖山东”“张建亭的琴、侯聚山的筝，刘廷义的坠琴一窝蜂”等谚语。

山东琴书根据发展状况基本可分为“小曲子”时期、清末至1949年前的鼎盛期和1949年后的新生期三个阶段，三个阶段有着不同形态和特征。

山东琴书“小曲子”时期，以自娱性演唱为主，演出形式并不固定，一人也可，多人也可，最多时有十余人，乐器以古琴、古筝、扬琴为主，坠琴、琵琶、月琴、简板、碟子、四胡、笛子等均可参与伴奏。演出场中间放一条桌，上摆茶水，演唱者半圆围坐，先奏几支器乐曲牌，然后演唱曲目。

① 地窨子：为方便取暖，半挖在地下。且顶部在地表的建筑物。

器乐演奏讲究个人技艺，如演奏“大八板”，只要曲头曲尾碰齐，中间部分各乐器可以支声复调的形式自由发挥，艺人们称之为“山顶上聚齐”。演唱则注重声韵美，危襟端坐不事表演。曲词重文采，说白极少，以连缀使用曲牌的多寡比高低，据艺人讲演唱曲牌可达300余支，仅用于《白蛇传》的曲牌就有217支。此时期的演出曲目不多，代表曲目有《白蛇传》（二十四回）、《秋江》（八回），以及《鞭扫洛阳》《灞桥挑袍》《踏青》《寻媒》《王大娘探病》等为数不多的短篇曲目。

清末到1949年前为第二阶段，山东琴书经过了下海到鼎盛的发展历程。这一阶段特点如下：其一是演出形式的固定。基本定型为以敲扬琴（或古筝）和操坠琴者为主唱，执其他乐器者为伴奏的坐唱形式。音乐结构由曲牌连缀体，逐渐演变为以“凤阳歌”“垛子板”“汉口垛”“上河调”“银纽丝”“梅花落”所谓“老六门主曲”为主的主插式结构，并渐有板腔化的趋势。主曲“凤阳歌”“垛子板”变化多端，音乐适应力增强。伴奏上秉承小曲子传统，注重演奏技巧，形成接尾伴奏的特点。其二是曲目的极大丰富。艺人们为了适应说书需要创作移植了一批故事性强、生活趣味浓郁的中篇书目，如《下苏州》《打蛮船》《空棺计》《草帽记》等，并进一步丰富了各种题材的短篇曲目，如《打黄狼》《鸿鸾禧》《倒休》等，今收集到此时期的中篇代表作37部，短篇137段。其三是风格的多样化和流派的增加。民国初年主要流布于济宁一带的南路琴书演唱者，就有殷田昌的老扬琴、李若光的武扬琴、茹兴礼的庄户扬琴、樊明万的滑稽扬琴等。20世纪20年代，更出现了东路和北路两个派别。东路和北路琴书音乐上基本板腔化，有别于南路总体风格上的火爆热烈、口语化特点，以优美

图二　山东琴书东路国家级传承人朱丽华（中）

图三　山东琴书国家级传承人刘士福演出图

挺拔、和缓舒展为主要特征，抒情性强，伴奏讲究和谐统一，曲牌使用较少，风格上的城市化特点明显增强。其四是优秀艺人的大量涌现，可谓名噪一时。

1949年后，山东琴书在新文艺工作者的关心参与下出现了新的生机，有了新的发展。一方面，艺人们在音乐上进行推陈出新，将各流派唱腔融会，使用新的演唱方法，以小乐队形式伴奏，采取了编曲、配器等手段进行表演，出现了《姑娘的心愿》《梁祝下山》《装灶王》等风靡一时的琴书唱段；另外对联曲体曲目《水漫金山》《盗灵芝》《秋江》等进行了整理改编，上演后引起反响，全国各地纷纷派人学唱，进一步扩大了山东琴书的影响。另一方面，文艺工作者利用山东琴书喜闻乐见的演出形式，写作了一些新曲目，如以南路风格为主的《老王卖瓜》、以北路风格为主的《双赶车》。山东琴书演员配合不同的节目定做了演出服装，设计了相关舞台背景、道具，配以适当的化装，增强了琴书表演的审美性。悠扬的山东琴书传承了山东的文化，展现了齐鲁文明。

山东琴书音乐遗产丰富，风格独特而具多样化。山东琴书音乐中极具价值的是民间俗曲曲牌，据调查曾有300余支，至今尚存200余支，大约可分为古曲、明清俗曲、地方小曲以及吸收戏曲音乐而来的乐曲等四类，其中绝大多数为演唱曲牌，少数为器乐演奏曲牌。山东琴书在不同时期，以及在不同流派中都有风格独特的演唱者，既有流派特性，又有个人特色。其鲜明的风格特色，既因不同的乐器配置造成，也因艺人自身条件和风格追求不同所致。

山东快书（山东省艺术研究院）

2006年，“山东快书”被山东省人民政府列入第一批省级非物质文化遗产名录。同年被国务院列入第一批国家级非物质文化遗产名录。

山东快书早期因主要演唱武松（因排行老二，故称“武老二”）故事，演唱者俗曰“唱武老二的”。又因为书中武松身躯高大，所以这种艺术形式也叫“唱大个子的”。后来，高元钧在上海大中华唱片厂录制唱片时，将其定名为“山东快书”，被广泛采用，沿用至今。

图一　山东快书省非遗传承人阴军演出图

关于山东快书的渊源，传说较多，较为可信的说法是：清道光六年（1826），落第举子十余人，归途中遇雨滞留临清，为发泄胸中的愤懑不平，他们以当地广为流传的武松故事为基础，编成唱词（即后来《武松传》

图二 “高派”代表人孙镇业

的雏形）。由作者之一的茌平杠子王庄李长清带回，交其表侄山东大鼓艺人东阿傅楼傅汉章排练演唱。傅潜心研究并借用山东大鼓“梨花片”伴奏，在山东大鼓“老牛大捽缰调”基础上创造出特有的韵诵体唱法。清道光十九年（1839），首演于曲阜林门会（孔林前的庙会），以其形式新颖受到欢迎，曾被当时的衍圣公孔祥珂召进孔府演唱。

山东快书是“韵诵体的方言说书”，其特征首先表现在韵诵技艺上。山东快书的韵诵方式是在山东大鼓“老牛大捽缰调”的唱腔基础上发展出来的，其早期的特点是所谓“大顶板”（红板），节奏顿挫有力，但缺乏变化，不论七字句还是十字句，均以三字尾为基本句法。随着快书艺术的发展成熟，山东快书的韵诵技艺日益完善，节奏上有了顶板、闪板、抢板、赶板、掏板、抻板、寸板、坠板、散板等十余种变化，总结出平口、俏口、贯口、散口、白口等五种板式，切分音、三连音、五连音等节奏都能巧妙地运用，使山东快书的韵诵富于音乐性。另外，为适应一人多角的表演需要，在音色变化、化妆表演等方面也有成功经验。当然，形体动作也是山东快书表演的重要组成部分。于（传宾）、杨（立德）两派追求自然和简练，讲究气势的粗犷和刚强，化武术动作入表演，风格朴拙而劲力十足，具有农村广场演出的气韵。“高派”山东快书是在城市小剧场演出中成熟起来的艺术流派，在不失粗犷刚强的基础上，美化了快书的表演，它吸收戏曲程式化的表情动作，并刻意发展了风趣幽默和夸张俏皮的风格，舞台上举手投足，甚至出场、打板都规范有致。

山东快书传统书目主要就是《武松传》，其基本回目是《石家庄》（武松装媳妇）《十字坡》《闹公堂》《闹南监》《快活林》，这些书目的内容并非来自《水浒传》，而是来自民间传说。在行艺过程中，艺人们逐渐丰富了回目，一部分参考《水浒传》，一部分为艺人编创，周同宾、于传宾、傅永昌编创《东岳庙》，就是很好的例子。三派快书中最早完成《武松传》的是于派著名艺人刘同武，1940年前后，他在大连西岗子演出时，在前人的基础上参考《水浒传》，以大书的结构形式编演完成。高杨两派长篇书目较少，重点发展的是短篇、中篇书目。其中高派的《武松打虎》、杨派的《闹公堂》最具代表性。

山东快书的伴奏乐器的种类不像其他曲艺形式那样繁多，只有鸳鸯板和四页板两种。鸳鸯板来自山东大鼓，并逐渐改造最后定型，上板为鸳下板为鸯，演员主要是依据声音条件选择。四页板的创始者是于传宾，他曾学习过山东落子，大竹板是落子的伴奏乐器，小竹板是由大竹板缩小尺寸改制而来，其尺寸不太固定，多根据艺人的手形和嗓音而定，但均由靠近根部的毛竹竿制作。

创始初期的山东快书，以七字句或加三字头的十字句为基本句式，形式新颖，所演唱的主要人物武松招人喜爱，所以在曲阜林门会首次演出就能吸引听众。山东快书用农民的语言，唱农民喜爱的人物，所以这个新曲种得以迅速发展。

至清末民初，山东快书已经以曲阜、兖州为中心，传播至平阴、东阿、肥城、新泰等广大地区。艺人队伍逐渐扩大，出现了吴洪钧、李合钧、卢同武、卢同文、戚永立等知名艺人。表演上也日臻成熟，明显的变化是较平直的大顶板唱法被突破，出现了顶板、闪板混合使用的唱法；虽以韵诵为主，但唱白结合更趋自由，灵活的嵌词衬字也增加了演唱的口语化特色。并开始以强化表情动作等艺术手段来辅助内容的表达。同时为了增强伴奏气势，便于招揽听众，山东快书表演者又从山东落子引进大竹板与钢板配合，使演出更加火爆。其主体书目《石家庄》《十字坡》《闹公堂》《闹南监》《快活林》等，经过不断丰富发展，渐趋完整，形成了可以演唱一整场（五回）的小中篇书目，必要时还可以串联演唱。遂得以风行山东中部农村乡镇集市，在听众中产生巨大影响。

二十世纪四十年代，在山东各地抗日根据地里，山东快书艺术得到新的发展，出现了崭新的“革命武老二”。比如，滨海鲁中南根据地杨星华编演的《大战岱崮山》《二曹大闹蒙阴城》等；渤海根据地丁方锐编演的《十里堡战斗》《打田柳庄》等；胶东根据地栾少山编演的《大臭虫》等。虽有的演出没有钢板，打着竹板唱，有的敲着小瓷碗唱，但都以饱满的战斗激情、清新的艺术风貌，为根据地广大军民所喜爱，这些都有力地推动了这门艺术形式的改革发展。

中华人民共和国成立后，山东快书以其短小精悍、轻便易行的特点，得到空前发展。山东快书发扬战争年代的宣传战斗歌唱英雄的传统，配合各项政治运动，逐渐成为工矿农村业余文艺演出的重要形式。20世纪50年代，山东快书在抗美援朝的宣传中，发挥了重要作用，做出了突出贡献。著名演员高元钧、杨立德、傅春喜等多次赴前线慰问演出，受到极大的欢迎。其间，影响最大的书目是《一车高粱米》《抓俘虏》《三只鸡》等，这些作品以强烈的爱国主义和浓郁的生活情趣，受到听众的强烈喜爱。高元钧于二十世纪五十年代初，参加了中国人民解放军，在部队培养了来自各军区和地方的山东快书演员达200余名，许多演员如刘学智、刘洪滨等都有不错的成就。从而使山东快书发展成为一个具有全国影响的大曲种，进入了它发展史上的鼎盛时期。

山东快书是以一个人表演一部书（《武松传》）、塑造一个形象（武松）发展起来的一个独具特色的曲艺品种，这在中国曲艺史上也十分罕见。因此，自20世纪80年代起，艺术工作者便陆续整理出版了《杨派山东快书武松传》、《武松传（高元钧演出本）》、《全本武松传》（于派），对山东快书进行了全面的学术研究；陆续发表了理论文章和专著，并召开了首届全国山东快书学术研讨会；还多次举办全国和省级比赛，并于各类艺术学校中开设山东快书专业。通过众多举措，大大促进了山东快书的发展与繁荣。

山东大鼓（济南）

2006年，济南市的“山东大鼓”被山东省人民政府列入第一批省级非物质文化遗产名录。

山东大鼓发源于鲁北、冀南一带的农村，最初因其伴奏乐器为犁铧碎片，因此被称为“犁铧大鼓”。清末刘鹗《老残游记·明湖湖边美人绝调》叙述山东大鼓演员王小玉姐妹说书时，也说它“本是山东乡下土调，用一面鼓，两片梨花简，名叫梨花大鼓。”从这里开始，犁铧大鼓被改称为“梨花大鼓”。梨花大鼓是我国北方大鼓中最早的一类，老蚕的《说大鼓》中曾记载：“大鼓以梨花（即山东大鼓）为最早。梨花本名犁铧片，乃农具之碎片也。”陈汝衡的《说书史话》中也谈道：“大鼓书发源于山东，所谓梨花大鼓乃是鼓书的老祖宗。”

据调查，山东大鼓艺人立门户是在明末清初。由祖师孙寿朋（固始人）、赵连江（临清人）联手创立，因此被称为“孙赵门”。这两位祖师都曾是明代末年的科举人，他们在明朝灭亡之后不愿意归顺清朝政府，因此下海说书。

到了清代中叶，山东大鼓已经发展成为一个具有相当影响力的民间职业说书形式。艺术表现手段也趋于完备，形成了一批以《响马传》系列中篇、《黑驴段》系统列篇等为代表的书目，唱腔上也发展出了“北口老牛大捽缰调”“南口梨花调”“小北口调”三大派别，艺人队伍也明显扩大。于嘉庆年间发展出了五大支派，因为这五大派的代表人物的名字中都有一个“山”字，故被称为“五大山”。

同治光绪年间，山东大鼓出现了重大的发展与转折，其标志性事件是南口梨花调的表演者中出现了女演员，并开始在济南等大城市演出。《历下志游》外编卷三《歌伎志》记录了第一个来到济南演唱的女演员——郭大妮。郭大妮，名密香，武定人，同光年间在济南演唱山东大鼓有五六年之久。其后临清的黄大妮也来济南演唱，影响不大，但黄大妮之姨妹、郓城义东堡的王小玉姐妹（白妞、黑妞）于光绪十年前后进入济南演唱，在济南引起了轰动，这才使山东大鼓真正立足于城市，自此，王小玉姐妹成为山东大鼓发展中里程碑式的人物。白妞王小玉被誉为“红装柳敬亭”，除《老残游记》有详细记载外，凫道人的《旧学庵笔记》、王以敏的《檗坞诗存初稿·济城篇》等均有诗文称赞。

清末，山东大鼓陆续传至济宁以及河南开封等城市。相继出现了许多山东大鼓班社，较著名的有：济南杜大桂的杜家班；李泰祥、李大玉（四大玉之一）的李家班；李金彪、孙大玉（四大玉之一）的又一李家班；姬兴居、上半截的姬家班；以及谢大玉（四大玉之一）、傅金华、鹿巧玲（也作鹿巧苓，鼓界皇后）等的山东大鼓世家；济宁徐立、徐凤卿的徐家班；郑佩标、电线杆的郑家班；郭立轩、郭凤霞的郭家班，等等。在这一时期山东大鼓的发展有以下特点：首先是演出范围日益扩大，不仅遍布全省及周边地区，甚至在南京、上海、汉口、重庆、北京、天津、东北等地的书场，山东大鼓艺人也占尽风流。如谢大玉在北京与鼓界大王刘宝全对台俩月余，人气不减，引起轰动。河南开封的曲艺演出场所山东大鼓占了十之八九。捧角者不仅众多而且因各执所

图一　山东大鼓演员

图二　四大玉之首谢大玉晚年演出照

爱分为“白党”“李党”“徐党”，并在报纸上相互攻讦，将艺人评出“书界四王”“书场之花”“鼓词八大家”等称号。民初的数年间，《豫言》《河声日报》《河南民报》刊登有关山东大鼓的文章报道就达十余万字，报道涉及艺人的方方面面。其次，山东大鼓的段儿书也得到了空前的发展，各班社为了在激烈的竞争环境中取胜，便豢养落魄文人，结交墨客雅士，那些文人墨客为班社改编创作了许多独有曲目，据统计，这一时期上演的短篇曲目达到了二百余段，新增曲目以《三国演义》《水浒传》《红楼梦》《西厢记》等名著中的历史故事为主。

另外，山东大鼓在艺术上也全面发展，出现了许多演唱风格不同的著名演员。如前文所提到的“四大玉”之首的谢大玉，以刚劲挺拔的“三国”段儿著名，号称“白菜心”的杜婉君以唱婉转缠绵的“红楼”段儿闻名，等等。加之20世纪二三十年代，谢大玉、李大玉、赵大玉、筱艳芳等都在上海灌制了唱片，发行足迹遍至大江南北，使得山东大鼓发展成为一个具有全国影响力的大曲种，从此进入了它发展历史上的鼎盛时期。

图三　山东大鼓演出场地

山东大鼓在城市中主要在书馆、茶寮、大型游艺场演出，并兼应“堂会”，进入官商富户宅内演唱。它的主要听众是当时城市中上层人士及知识分子，其中闭目磕板、细声随唱，细品滋味者不乏其人。艺人们为了适应这一需要，尽量发挥女腔演唱的特长，山东大鼓也因此渐渐由原来的淳朴、明快、有力，转向缓慢、委婉、抒情，曲调愈来愈华丽，甚至为赶时髦，直接吸收大段西皮、二黄腔穿插演唱。因唱腔婉转多变，又有“七十二咳咳”之说。音乐伴奏也变得更加规范严谨，前奏及大过门各多少板，甚至哪里打鼓、打几下，都有死规定，不得任意更改。演出内容上也大多舍弃中篇书而专门演唱段儿书。同时，为适应较高文化层次的欣赏需要，山东大鼓中反映农村生活及民间情趣的唱段减少，而取材古典小说《三国演义》《红楼梦》以及其他历史故事者大增。

山东大鼓的发展史在北方鼓曲艺术中很有代表性。它有清晰的渊源脉络，完整的音乐演变轨迹，其音乐形式、演唱技艺都达到了相当的高度，兼有完备的艺人组织、成熟的演出形式，以及不同历史时期众多的著名艺人等。山东大鼓的曲目发展水平很高，中篇书目结构严谨、形象鲜明，情节生动紧凑、生活趣味浓郁；短篇曲目更是数量多、题材广，词句华丽规整，文字水平高，有许多原创曲目，极具文学价值。

山东大鼓为北方鼓曲中最早的一种，有着三百多年的历史，它直接起源于中华民族最基本的生存方式——农耕，是农民利用农具在农田里创造出来的艺术形式，它反映了生产方式与艺术形式的密切关系，体现了物质生产与文化娱乐不可或缺的生活态度，折射出丰富的生活习俗和生动的生活场景，是一定历史时期社会文化的结晶，也是农耕文化的艺术象征。

如今，济南市在号称“金街”的繁华商业街——泉城路摆放了一组“老残听白妞说大鼓”雕塑，并在曲艺团恢复了一定数量的山东大鼓唱段，济南市曲艺团为保护这一曲种，再现黑白妞说书的风采，营造了浓厚的学唱曲艺之风。

山东琴书（济南）

2006年，济南市的“山东琴书”被山东省人民政府列入第一批省级非物质文化遗产名录。

山东省是中华民族古老文明发祥地之一，又称齐鲁之邦、孔孟之乡。物华天宝的人文环境和人杰地灵的自然环境孕育了独特的民间曲艺——“山东琴书”。山东琴书又名“唱扬琴”“山东扬琴”，产生早期被称作“小曲子”，大约在清雍正年间，发源于鲁西南菏泽地区（清曹州府），迄今已有二百五十年左右的历史。

明末清初，鲁西南单、曹二县的刘楼、尚楼、老爷楼一带，一些文士名流，喜好唱曲，连缀曲牌，编写唱词，抓筝抚琴弹唱自娱，还专门盖了竹楼，中砌水池，修琴台于水上，专供抓筝抚琴演练小曲，自名“琴筝清曲”，俗称“小曲子”。

山东琴书在早期小曲子时期，以自娱性演唱为主，演出形式并不固定，乐器以古琴、古筝、扬琴为主，坠琴、琵琶、月琴、简板、碟子、四胡、笛子等均可参与伴奏。演出场中间放一条形桌，桌上摆放茶水，演唱者半圆围坐，先奏几支器乐曲牌，然后演唱曲目。器乐演奏讲究个人技艺，如演奏“大八板”，只要曲头曲尾碰齐，中间部分各乐器可以支声复调的形式自由发挥，艺人们称之为“山顶上聚齐”。演唱则注重声韵美，危襟端坐不事表演，曲词重文采，说白极少，以连缀使用曲牌的多寡比高低，演唱曲牌可达300余支，以

《白蛇传》（二十四回）、《秋江》（八回）为主要书目，另有《鞭扫洛阳》《灞桥挑袍》等为数不多的短篇曲目。

光绪末年，山东琴书结束了自娱性演出，开始下海作艺，遂有了“唱扬琴”“打扬琴”等名称。山东琴书最初进入济宁时，为了适应说书需要，简化了曲牌体结构，演变为以【凤阳歌】【汉口垛】【上河调】等所谓的“老六门主曲”为主的主插式联曲结构。这一时期的山东琴书既发展了表演，又丰富了曲目，尤其是中篇曲目，演出形式也出现了变化，精简了人员，逐渐定型成沿用至今的以扬琴、坠琴、古筝、软弓胡为主要伴奏乐器，由敲琴挎板和操坠琴者主唱的表演形式。

清末民初，山东琴书陆续传入河南、安徽、济南等省市，涌现出了一大批琴书名家，形成了山东琴书多样化的演出风格，如：殷田昌端庄大度，贺金城大腔大韵，而李若光（小画眉）号称武扬琴，茹兴礼善评议，并以庄户论闻名，等等。在群众中也产生了“李清杰的琴，邢以魁的筝，刘继荣的嗓子盖山东”“张建亭的琴，侯聚山的筝，刘廷义的坠琴一窝蜂”等谚语。

图一　山东琴书当代演出图

1896年，广饶四平调艺人商秀岭学得一批曲牌和曲目，回乡将“四平调”与“凤阳歌”结合，创出适应当地口味的新腔，并陆续授徒商业兴（商秀岭侄子）、郭福山等十余人。1905年，秀才翁凯为商秀岭商改编了《鸿鸾禧》《秦雪梅观画》等八个节目，并吸收了京剧的唱腔，从而声名大振。而后商秀岭又灌制了《坐楼》《骂鸡》《老少换》等十余张唱片。他们因与老扬琴有着不同的演唱风格和流布地域，被称为“东路琴书”，呈现出了舒展平稳、柔和细腻的总体风格。流布鲁西南的原产琴书则被称为“南路琴书”，南路琴书风格火爆热烈、口语化，以优美挺拔、和缓舒展、抒情性强为特征，伴奏讲究和谐统一，曲牌使用较少，城市化特点明显。

琴书艺人邓九如曾在黄河码头以“扛大个”为生，学得一口标准的“山东官话”，在创作和演出中为适应济南人的欣赏习惯，加入方言，改造了唱腔，人们称其为“北路琴书”。相对于“南路琴书”，“北路琴书”音乐上基本板腔化。成名后，邓九如唱遍东三省，还曾与鼓界大王刘宝全等联合演出，技艺大增。1933年，邓九如在天津青年会电台演唱时正式为“山东琴书”定名，同时，灌制了《刘伶醉酒》《梁祝下山》等唱片，将“山东琴书”推向了更广阔

图二　山东琴书

的领域。

自光绪末到1949年之间，山东琴书形成了相对稳定的演出形式，音乐结构趋于板腔化，音乐适应力增强，伴奏注重演奏技巧，曲目故事性强，生活趣味浓郁，题材丰富，形成南路、东路和北路三个风格各异的派别的阶段性特征。

1949年前后，山东琴书的演出十分兴盛，在济南、济宁等地都有很多的琴书场，许多著名艺人演出活跃。在新文艺工作者的支持下，挖掘整理改编上演了《水漫金山》《盗灵芝》等唱段，并在省内及全国汇演中引起反响，扩大了山东琴书的影响。省市曲艺团吸收著名艺人入团，培养年轻演员，对继承发展山东琴书艺术大有裨益。

山东琴书在新文艺工作者的关心参与下出现了新的生机，有了新的发展。他们不拘泥于固有的琴书流派风格，将各流派唱腔融会贯通，推陈出新，使用新的演唱方法，以小乐队形式伴奏，采取了编曲、配器等手段创造出《姑娘的心愿》《梁祝下山》等风靡一时的琴书唱段。同时，他们又整理汇编联曲体曲目《水漫金山》等，并将其搬上舞台，进一步扩大了山东琴书的影响。此外，新文艺工作者创新故事结构、音乐唱腔、演出形式，创作出如：以南路风格为主的《老王卖瓜》、以北路风格为主的《双赶车》，以及编曲创作的《掐伙计》《拔牙》等新曲目。同时琴书演员配合不同的节目定做演出服装，设计相关舞台背景、道具，配以适当的化装，增强了琴书表演的审美性，使舞台形象更加美观。

经过历史的沉淀，山东琴书留下了丰富的音乐遗产，风格独特且多样化，以生活化、口语化为主要特色又不乏格调典雅。文采华丽的唱段、丰富的表演曲目体现出了山东人民朴实有力的精神状态和果敢有为的创造能力。山东琴书作为庞大民族戏曲宝库中的一种，彰显了其艺术价值和文学价值，山东人民将投入以更饱满的热情，付之以更持久的努力，将山东琴书传承下去，继续展现齐鲁文化之邦的独特魅力。

山东快书（济南）

2006年，济南市的“山东快书”被山东省人民政府列入第一批省级非物质文化遗产名录。

山东快书的发源地——山东省，是中华民族古老文明发祥地之一，是世界闻名的齐鲁之邦、孔孟之乡。位于中国东部沿海、黄河下游，地势平坦，土壤肥沃，人民安居乐业，这为山东快书的发展提供了稳定的环境。目前，山东快书已经流传到山东省全境及全国大部分省市，流传于大街小巷，成为人民群众喜闻乐见的曲艺形式。

山东快书的独特之处在于，它是以一个人表演《武松传》这部书为基础发展起来的一个独具特色的曲艺品种，这在中国曲艺史上十分罕见。

山东快书早期主要演唱武松故事，因武松排行第二，故早期的山东快书被称为“武老二”，演唱者俗称“唱武老二的”。又因为《武松传》中武松身躯高大，所以这种艺术形式

图一　省非遗传承人阴军（高派）在表演

又叫“唱大个子的”。直到1949年6月，高元钧在上海大中华唱片厂录制唱片时，才正式将其定名为“山东快书”。

关于山东快书的渊源，有一个这样的说法：清道光六年（1826），落第举子十余人在归途中遇雨滞留临清。为发泄落第的愤懑不平，这些落第举子以当地广为流传的武松故事为基础，编成唱词（即后来《武松传》的雏形），由作者之一的茌平杠子王庄李长清带回家乡，交其表侄山东大鼓艺人傅汉章排练演唱。傅潜心研究，创造出山东快书特有的韵诵体唱法。

清道光十九年（1839），山东快书首演于曲阜林门会，由于其形式新颖，所演唱的主要人物武松招人喜爱，吸引了许多听众，还曾被当时的衍圣公孔祥珂召进孔府演唱。用农民的语言，唱农民喜爱的人物，这个新曲种因此得以迅速发展。傅汉章及其师弟赵震，是发展山东快书的关键人物。其后绝大多数艺人的师承关系都与傅、赵一脉相传。

山东快书是“韵诵体的方言说书”，所谓“韵诵体”，是指山东快书在山东大鼓老牛大拃缰调的唱腔基础上发展出来的韵诵方式，其早期的特点是所谓“大顶板”（红板），节奏顿挫有力而缺乏变化。随着快书艺术的发展成熟，山东快书的韵诵技艺日益完善，节奏上有了十余种变化，并总结出五种板式，切分音、三连音、五连音等节奏的巧妙运用，使山东快书的韵诵富于音乐性。另外，山东快书的表演由一人饰演多个角色，这就对表演者在吐字发声及形体动作等方面提出了十分高的要求。表演者以表演为主、表述为辅，以化虚为实、点到为止、调脸变架加上形体动作等表演技法，演绎众多的人物形象，有一整套的表演方式，具有很高的艺术造诣。

武松作为所向无敌的英雄，能够乐观面对艰险，山东快书正是为了充分表现这个形象而诞生的艺术形式。《武松传》的基本回目是《石家庄》《十字坡》《闹公堂》《闹南监》《快活林》，这些书目的内容并非来自《水浒传》，而是来自民间传说。

在塑造英雄形象上，山东快书有其独特的优势，正因如此，这一曲种在战争年代和抗美援朝中大放异彩。如在20世纪40年代，在山东各地抗日根据地里，出现了崭新的戏曲形式——“革命武老二”。它继承了山东快书塑造英雄

图二　山东快书赵福海表演《武松传》

形象的传统，发展了短小精悍的表演方式，以传统形式编演时代英雄，宣传形势鼓舞士气，取得了巨大成就。虽有的演出没有钢板，打着竹板唱，有的敲着小瓷碗唱，但都以饱满的战斗激情，清新的艺术风貌，为根据地广大军民所喜爱，进而推动了这门艺术形式的改革发展。

1949年以后，山东快书队伍空前扩大，创作繁荣，表演技艺日趋精湛，并逐渐发展出艺术风格相对独立的艺术流派。其艺术流派共有三种，分别是以高元钧为代表的“高派”、以杨立德为代表的“杨派”和以于传宾为代表的“于派”。“高派”活跃于北京及全国各地，影响范围最大。高派山东快书台风潇洒大方，表演夸张俏皮，韵诵富于变化，动作化用戏曲程式，具有舞台曲艺演出特征。“杨派”主要流布于山东省境内，台风亲切，表演自然，韵诵紧凑，动作简练。独创四页板伴奏唱快书的“于派”，主要活跃于鲁中农村并远及潍坊、烟台等地。于派是在唱法上保留山东快书原始形态较多的一个艺术流派。于派竹板快书以讲唱故事为主，重咬字、讲喷口，方言词汇使用较多，唱起来拉腔拖韵，动作简单拙朴，真实有力，不刻意洗练加工，使用大小四页竹板伴奏，演出气势磅礴，气氛热烈，风格刚劲、强悍、粗犷，带有浓重的农村山东快书特色。

艺人们在演出实践中将《武松传》进行不断的改编完善，使它成为结构完整、形象鲜明、语言生动、极具地方特色的口头文学作品。武松形象在山东具有很强的象征意义，其性格中忠厚率直、豪侠仗义又不失幽默的特征，都是对“山东大汉”的典型诠释。树立打造武松形象，不仅能够丰富文化艺术，对社会其他方面也有很强的现实意义。山东快书的总体风格是粗犷豪放，滑稽幽

图三　杨立德

默，夸张俏皮，同时又具有浓郁的乡土气息，具有独特的审美价值。在不脱离总体风格的前提下，高、杨、于三派《武松传》又有相对独立的风格特色。山东快书记录了许多山东方言语汇和民俗事项，对山东方言、民俗等的研究具有很高的学术价值。

自20世纪80年代起，山东快书的保护传承工作就得到社会各界的极大重视，《杨派山东快书武松传》、《武松传（高元钧演出本）》、《全本武松传》（于派）陆续整理出版。90年代初，首届全国山东快书学术研讨会召开，这对于扩大山东快书的影响力、促进山东快书的表演技艺保护传承及创新，具有重要的意义。

山东快书是散落于民间的珍宝，是先辈们遗留下来的珍贵的遗产。山东快书虽穿越悠长的岁月，却历久弥新、风采依旧。留住了它，就留住了中国传统之美，留住了我们的文化。

胶东大鼓（青岛）

2006年，青岛市的“胶东大鼓”被山东省人民政府列入第一批省级非物质文化遗产名录。2008年被国务院列入第一批国家级非物质文化遗产扩展项目名录。

青岛是位于山东半岛南端的沿海城市，这里海岸线蜿蜒曲折、岬湾相间，山海风光秀丽、气候宜人。在这个红瓦绿树、碧海蓝天的城市之间存在着一种传统曲艺——“胶东大鼓”，时尚的都市风貌和 “胶东大鼓”曲艺的融合，展现了青岛这座海滨城市所沉淀的文化底蕴和散发的现代气息。

胶东大鼓流传于胶东半岛，因系盲人创始并演唱流传，起初被叫作“盲人调”。又因其主要伴奏乐器用书鼓、三弦，与其他鼓书类形式相同，故亦称“大鼓”。根据流传地的不同，它还有诸如“蓬莱大鼓”“福山大鼓”“荣成大鼓”等称呼。

抗日时期，盲艺人们在中国共产党领导下建立了“胶东盲人抗日救国会”，北海剧团演员梁前光认真学习大鼓艺术，熟练地掌握了演唱技巧，并且编新词、改唱腔，综合各地大鼓特点，汲取京剧、西河大鼓等音乐滋养，将胶东秧歌锣鼓点揉在“大鼓套”中，创作出新型大鼓调，产生了《打大黄家》《上营战斗》等新作品，进一步丰富了胶东大鼓的音乐，同时又以“盲训班”的方式传艺，从而揭开了胶东大鼓发展史上的重要一页。抗战胜利前后，梁前

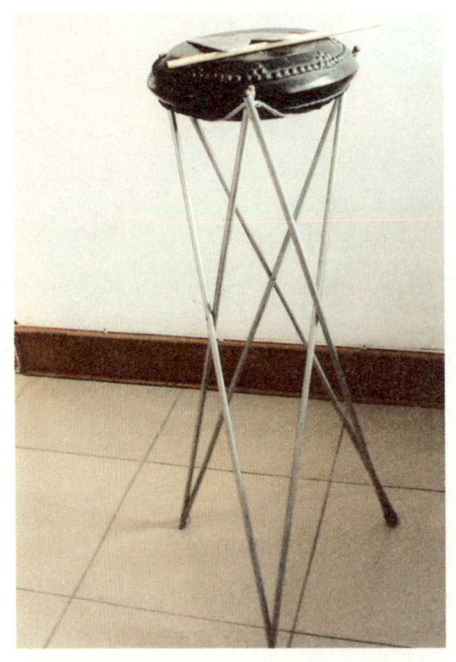

图一　“胶东大鼓”主要演奏乐器之一小圆鼓

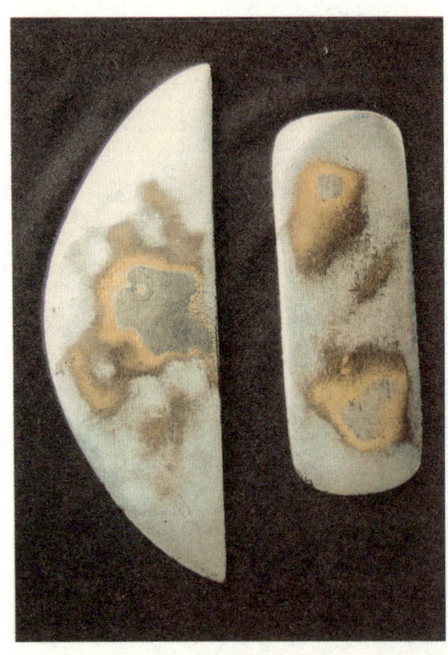

图二　“胶东大鼓”主要演奏乐器之一天地板

光先后到烟台、济南、青岛等大城市演出，产生了巨大的反响。至此，胶东大鼓遂从最初的“盲人调”发展成为具有重要影响的地方曲种之一。1949年，根据这些大鼓的曲调、语言、演出形式大致相近以及同时流行胶东半岛各地诸特点，正式定名为“胶东大鼓”。

胶东大鼓主要说唱乐器有胶东的钢板、小圆鼓、三弦。“胶东的钢板”又称“天地板”，其形制由两片不同形状钢片制作成。一片为半月形，叫“天板”（也叫做“日板”），使用时在上；一片呈长方形，叫“地板”（也叫做“月板”），使用时在下。“日板”宽4厘米，长12厘米，厚0.2厘米。“月板”半径为21厘米左右。“小圆鼓”形扁而圆，由牛皮绷面，漆为黑色。“三弦”的形制则同现在大三弦。

从“胶东大鼓”的唱腔和板式上看，胶东大鼓属于板式变化体唱腔结构。唱腔有起板、甩板、平板、花腔、悲调、快板、反调快板、数板、落板、散板和烧纸调等。板腔的组织多种多样，往往随着故事情节的发展和需要而改变结构。其中鼓套在开唱前演奏，可长可短，旨在显示演奏技巧以吸引听众，其曲调多由民间吹打乐和民间小曲演化而来；起板一般仅在开头使用一次，很少重复出现，是由两个乐句组成，上句落5，下句落1，曲调舒展流畅；二板在板式变换处作为衔接重复使用。平腔是用以叙述故事的主要板腔，梁前光名之曰“基本调”，在所有唱腔中使用最多，平腔亦由两个乐句组成，落音下句为5，上句则有6、3、5、1四种变化，其中上句落6，下句落5者使用最多，上下两句形成调式对比；落腔用于段落结束或全段结尾部分。落腔干脆短促的又叫“煞头”或“平落腔”，落腔婉转富有华彩的叫“花落腔”，还有一种表达悲切情绪“悲落腔”。三种落腔又分大小两种，所以共有六种落腔。落腔也为两个乐句组成，一般上句落5，少数落6或2，下句落1，间或亦有落5者；悲调亦称悲腔、大悲调、大慢板，由上下两句构成，通常上句落3或1，下句落5，是从胶东妇女生活中的大哭腔提炼加工而成，适用于表现忧伤悲痛情绪；快板也叫垛子、紧张调、紧板流水。它也是两句体，多为较规整的七字句。主要有平腔快板、反调快板两种，平腔快板半说半唱，把平腔压缩加快一倍为1/4节奏，落腔相同，反调快板原落5改为1，情绪强烈。还有一种吸收京剧的扑灯蛾或数板加工而成的只用鼓、板打节奏的韵诵体快板；散板是“梁派”传人梁金华在演出实践中，借鉴戏曲音乐、话剧艺术创制的，分为起腔散板、平腔散板两种。“起腔散板”是把起腔的节奏拉散，在原唱腔的基础上散唱。以紧拉密弹的伴奏烘托，以它代替起腔。“平腔散板”亦为把平腔节奏拉散进行散唱，唱腔自由。在伴奏衬托下，可插入朗诵式说白或唱白相间，用它来加强平腔的抒情性。

曲调上，胶东大鼓虽为板式变化体，但为了调剂气氛，使之更适合听众口味，还穿插了【满洲转】【茉莉花】【烧币调】【胶州调】等曲牌演唱。

胶东大鼓分北、东、南三路，三路的演唱书目基本相同。但由于语言音调、生活习俗、演员禀赋的不同，三路在基本曲调相近的基础上各有变化，风格自有差异。其中“北路”影响最大，流行于蓬莱、费县、牟平、福山、烟台等地，最有代表性的是梁前光的“梁派”，“梁派”唱腔高亢挺拔、迂回婉转，善于运用唱腔的变化来表现各种人物；“东路”流行于文登、荣成、乳山等地，如以荣成盲艺人彭润之为代表的“彭派”，重声韵、曲调质朴；“南路”则流行于海阳、莱阳、即墨、莱州、栖霞等地，南路唱腔流畅优美、富有

图三　梁金华唱“胶东大鼓”

地方戏曲风味，代表性的艺人为徐尚厚。

“梁派”传人梁金华是山东省首批非物质文化遗产代表性传承人，她不断挖掘胶东大鼓的艺术魅力，艺术上力求精进，大胆汲取姐妹艺术精华，不断丰富胶东大鼓的板式唱腔，她演创的“花腔散板”“平腔散板”，改进了平稳对称的传统唱法，使“胶东大鼓”更加接近生活，更能表达人物思想情感，听之使人耳目一新，使百年“胶东大鼓”曲艺文化大放异彩。其代表性的说唱曲目有《夺印》《毛主席的旗帜永飘扬》《徐福岛》《刘玉环》等。

用生动活泼的方言俚语和优美动听的音乐唱腔来讲述故事、描绘人物、介绍环境、渲染气氛是胶东大鼓的艺术手段。“胶东大鼓”简便易行，一两个人，一两件乐器，甚至一个人带着击节鼓板，不需化妆，不需行头就能唱说“一人戏”。架一架书鼓，伴着三弦、钢板之乐音，说唱者神行具备，右手击打书鼓，左手手持天地板，响起一阵阵清脆的鼓声、板声，向满座宾朋传递或曲折婉转、荡气回肠的故事，或惟妙惟肖、身临其境的人物情节，好不活泼有趣！

为了将承载着音韵学、民俗文化、美学思想等艺术特征以及体现胶东人民创新精神、淳朴性格的“胶东大鼓”传承下去，我们需要提高对非物质文化遗产的保护意识，在乐鼓声中感受历史长河里大鼓生生不息的前进步伐的铿锵与坚定，将继承与发扬进行到底。让“胶东大鼓”从昔日民间的走街串巷走向更加多样化的舞台，让它不仅是战争年代鼓舞人民战斗意志的“鼓声”，更是改革开放浪潮中激励当代人不断奋斗的“革命大鼓”。

山东八角鼓（胶州）

2006年，胶州市的“山东八角鼓”被山东省人民政府列入第一批省级非物质文化遗产名录。

胶州隶属山东省青岛市。秦朝时设黔陬县，到了隋朝，以胶水取名，设立了胶西县，地名历经更迭，1987年2月正式更名为胶州市（县级）。宋代胶州曾是全国五大港口之一，交通发达的区位环境影响了兼容并蓄的地域文化，进

图一　胶州八角鼓演唱时的照片

而影响了胶州八角鼓的形成。

胶州八角鼓，扎根于胶东半岛的沃土中。胶州八角鼓与山东琴书、山东大鼓演唱形式相似，说唱者立在一张八仙桌前，手里拿着一个八角形的手鼓边打边说边唱，以三弦、坠琴、二胡等乐器伴奏，是一种以说唱为主的曲艺。有打、弹、轮、磕、搓、撞、摇等指法，听者围坐在四周，所以也称八角鼓为“桌戏”和“鼓子”。

顾名思义，“胶州八角鼓”演唱的最主要乐器是八角鼓，演唱时主演手里持一个用檀木、红木等硬木制作的八角形状的手鼓，鼓面是蟒皮。八角鼓共有八个角、八个墙面，有七个墙面的中间装有两面小钹，鼓动时，两面小钹可碰击作响，一个墙面中间安有鼓柱，以便执鼓，柱端环上系有鼓穗。除主要演员手持八角鼓外，还有演员左手握两块竹板，用来作为演奏的乐器和导具。两块竹板为长方形，长约10厘米，宽约4厘米，竹板的一端系有红绸布。根据曲目的角色，有的演员手里还拿着一面铜钹和一根锣锤来进行演奏和表演，从而丰富了乐曲的表现形式。此外大三弦、坠琴、二胡、扬琴、四弦等也可为“胶州八角鼓”的伴奏乐器。

胶州八角鼓最初是由北京“旗人八角鼓”蜕变而成的。清朝雍正年间，一位在北京做官的胶州人因故遭贬，携眷属返回乡里，带回了一批旗人八角鼓段子。这位遭贬的京官起初逢年过节便组织妻妾子女亲朋好友聚于一堂，自娱自乐。后来也几家联合起来赴郊外演出。久而久之，八角鼓便在一些财主和乡绅中逐渐传播开来。他们自称为“厅房戏”“学士戏”“清客戏”。普通百姓则称之为“财主戏”“财主八角鼓”“财主帮”。胶州八角鼓就这样在官僚乡绅中及有钱人家中的厅房、学屋、闺阁中被垄断了数十年。

图二　《胶州八角鼓》

道光年间，财主帮匡四痴破产，家境败落，沦为乞丐。对八角鼓有一定造诣的匡四痴与儿子匡戟如一起在街头演出，有时也赶堂会、庙会。自此开始，胶州八角鼓由地主阶级的深宅大院传至民间。从胶州八角鼓艺术的发展来看，清雍正至道光年间为胶州八角鼓的初期阶段，在这一时期，八角鼓在唱词上，平仄、韵辙、格调非常讲究，很像长短句的填词，文字晦涩难懂，内容多反映上层社会生活。

清道光至20世纪初的这一段时间为胶州大鼓的发展时期。在此期间，胶州八角鼓走出了深宅大院，来到了普通百姓中间。光绪年间，八角鼓盲艺人孙瞎汉，对八角鼓饶有兴趣，吸收了外地鼓书艺人的唱腔、唱段，对财主帮的八角鼓加以改革创新，改良了原来冗长的曲牌唱腔，又改编了晦涩难懂的唱段，创作了一批容易为小市民接受的通俗段子。孙瞎汉对八角鼓的改革，受到了胶城市民的欢迎，特别是小城镇手工业工人尤为喜爱。在孙瞎汉等人的推动下，陆续出现了一批反映普通百姓生活的新段子。这些场次不拘泥于平仄，不受长短句填词形式的束缚，唱词贴近百姓生活，通俗易懂，浅显明白，容易被普通百姓接受，百姓称之为“拴老婆橛子”。

图三　老艺人在演示胶州八角鼓

1920年，以孙观海、范藻清、范少卿、法大鹏为代表的“财主帮八角鼓”宣告破产，民间八角鼓日益兴旺。在胶州城的小市民中能演唱者超过百人，最多时有二百余人，县城内每晚有三五处，多则七八处地方有八角鼓可听。随着八角鼓的影响日益扩大，曲种本身也在不断丰富。1920年后，胶州八角鼓已有500多个段子，50多个曲牌。由于发展的速度和艺人的风格不同，当时出现了三派竞艺的情况：一是河头源帮。自谓正宗，演员阵容整齐，吐字行腔讲究音韵平仄，多演较为文雅的段子。二是白水泉帮。由河头源派派生而成，以演罕见段子见长，如长片八角鼓，《杏儿上坟》一时轰动胶城。三是麒麟街帮。演员多系文盲，功底差，多为加入以上两派被拒之门外者。他们演唱的段子，多为自编自演，如《王婆骂鸡》等，通俗易懂，很受群众欢迎。这一段时期也是“胶州大鼓”的鼎盛期。

1949年以后，胶州市相继发掘整理100余个完整的传统段子和24个八角鼓曲牌，自编新段子100余个，其中《渔水新歌》《双临门》《说说咱的文明线》《我家的表叔》等八角鼓曲目先后获奖。《胶州八角鼓》《胶州八角鼓的源流与发展》印刷成册发行，有力地提高了“胶州八角鼓”的知名度。

胶州八角鼓有其鲜明的地方特色和旺盛的生命力。胶州八角鼓的一个段子用几种不同曲调的曲牌联成一起演唱一个曲目，有板有眼，快慢交错，说唱结合。音乐朴实优美，有“九腔十八调”之称，其柔美婉转的曲调、迂回曲折的旋律、和谐流畅的唱腔、朗朗上口的鼓词，使演唱者一开口便可以吸引住观众。胶州八角鼓开头与结尾不硬套起字句和尾声，演唱者可根据词义任选适合演唱的一个曲牌，所以曲调写作可以千变万化。胶州八角鼓在唱词上讲究平仄、韵辙，故事通俗易懂，既可演唱传奇和公案故事，又可演唱反映新人新貌的故事，可长可短。

胶州八角鼓有着近三百年的历史，蕴含着社会大众的情感，寄托了人们的希望和追求，成为人们精神世界的载体。保护好这一文化遗产，对于丰富人民群众的文化生活，构建和谐社会，促进精神文明建设都将产生积极的现实意义。同时，对胶州八角鼓唱词、曲调旋律、曲牌连体与个体的运用，旋律中装饰音极具特点的演唱方法等许多艺术元素的研究将对当地艺术发展产生重要的影响。

鼓儿词

2006年，枣庄市的“鼓儿词”被山东省人民政府列入第一批省级非物质文化遗产名录。

枣庄位于山东省南部，历史悠久，文化灿烂，人才济济，自古就是南北交通要道、商贾云集之地。南北文化的交汇融合，养成了鲁南人崇侠尚义、粗犷豪放、能歌善舞的性格，构成了民俗民间文化生长和传承的特殊地理环境，也使枣庄成为山东曲艺艺术发达的地区，催生了民间戏曲“鼓儿词”。

鼓儿词又称枣庄小鼓、石门小鼓，起源于枣庄市中区一带，流传于鲁南、鲁西南和苏北地区，是一种说唱艺术，或男或女一人表演，充分运用鲁南方言，说唱结合，演唱者左手持手板，右手持鼓棒，自敲自唱，唱词简练风趣、诙谐幽默，深受广大人民群众的喜爱。

鼓儿词的起源最早可追溯至明末清初，它的发展已有400余年的历史。据鼓儿词老艺人马运兴讲：“明末的时候，咱这一带有个赶考的举子，姓石，名元郎，邹城南关人，因为家里很穷，没有钱捐监生，也就落了榜。后来，他编了一些戏词，沿街演唱，等到他老了，不能再唱了，他说：‘我立个门吧。’于是就收了个徒弟，是滕县（今滕州市）人，叫杜殿选，因为师傅姓石，所以后来叫‘石门’。后来鼓儿词行当中，都尊奉石元郎为始祖。”由于石元郎不满清朝廷对汉族人民的统治，在鼓词中有不少讽刺贬抑清朝政府的内容，引起

图一　鼓儿词伴奏乐器

了清政府的注意，他本人后来在山东曲阜被害。

清同治年间，滕县(今滕州市)的陈忠泰、李洪儒、王怀正三位艺人及一个叫法明的和尚，对小鼓的演唱形式做了较大改革，伴奏时增添了脚打木鱼，后来又改为木梆。清光绪年间，陈忠泰的弟子张祥玉、孙士山，又将脚打木梆改为手打木板。曲目大多采用传统的大书，部分为讲述三国演义、隋唐时代的口头传说改编整理而成的演唱抄本。演唱以吟诵诗歌腔调与当地流传的李翠莲等民间小调，内容多以抑恶扬善、褒忠贬奸的忠烈传统故事或颂扬贞妇烈女、忠孝结义或民间传说为题材，从中唤起民众的爱国热情及仁义礼信的儒门思想。1949年以后，艺人们改编了很多现代题材的曲目，也深受广大听众的欢迎。

在20世纪二三十年代，柴学敏等人在峄县、兰陵、台儿庄一带创立了小鼓门户中的“南门”，演唱水平及影响力以张永顺（薛城吴庄人）为代表；孙士山的徒弟吴福坦（邹城吴庄人）把小鼓艺术又传至潍坊和东北几省，形成小鼓门户中的“北门”。由于年代、位置久远，“北门”已不可考，“南门”演唱形式上又分为“南派”和“北派”，其中“南派”幽默诙谐，妙趣横生。

鼓儿词演唱声腔是以鲁南方言为基础的原生态唱法。在正式演唱前一般先说几个小段作为开场，行话称为“书帽”。旧时的书帽有不少表现男女情爱的内容，称为“荤口”。当然还有听众百听不厌的“净口”书帽，如流传极为广泛的《红娘传柬》，之后正书才开始演唱。演唱前先击鼓打板，节奏为“五鼓三板”，内外添点，具体的演唱形式有如下几种：

声腔。其唱腔有平腔（包括小快板）、高腔两种。平腔平和深沉，善于表现诙谐、讽刺的题材，平腔后的小快板用较快速度，重复唱词，加强语气，渲染气氛。高腔热情高昂，富有力度，音域比平腔活跃起伏，跌宕多姿，可长可短，能柔能刚。曲目的语言朴实通俗，唱词简练风趣，既不讲究文采，也不太讲究平仄韵律，每段末尾有一拖腔，而且充分运用当地的方言用语、风俗用语、谚语，为群众所喜爱。

调式调性。鼓儿词唱腔多为宫调、商调或羽调式，宫调式明快刚劲，商调式诙谐幽默，羽调式温柔抒情。在说唱过程中主调式贯穿始终，反复出现。

唱词格式。鼓儿词唱词格式是以“二二三”“四三”的七字句和“三三四”“三四三”的十字句为主体的上下句，多为自问自答。

节拍。鼓儿词主要采用戏曲和民间音乐中常用的“有板无眼”（1/4），即节奏全部采用强拍，不用次强拍或弱拍。

音域。鼓儿词以说唱为主，以唱为衬，音域均在十度以内，比较狭窄。

鼓儿词的鼓板演奏除基本的“五鼓三板”，另外，还有“凤凰双展翅”“凤凰单展翅”“浪里翻花”等。演奏时只选取其中部分鼓板插入。它虽然不如管弦乐那样优美多变，但也能根据书中故事情节的发展，以及节奏的快慢强弱来显示在伴唱中特有的音乐功能。正所谓轻击如悄声细雨，重锤如慷慨陈词，紧鼓如万马奔腾，慢打似闲庭信步。

图二 老人在集市演唱“鼓儿词”

一只楠木制成、外涂红漆、由鲁南小黄牛或山羊皮作鼓面蒙制的鼓，配着槐木鼓棒，紫榆木鼓板，共同演奏出精彩乐章。

鼓儿词在演唱形式中，早期大都以师传的抄本为依据，唱词有板有眼、有根有据，但演唱略显呆板，缺少生动性。后来发展为全部脱本演唱。这种演唱方式

图三 “鼓儿词”书目整理

不照本演唱，艺人们更能发挥其个人演唱技巧，唱词及内容自由发挥，语言更加生动活泼，更受听众的喜爱。

根据相关资料记载，鼓儿词的书目有30部手抄本，共308卷，它凝聚了几代艺人的心血，是宝贵的文化艺术财富。鼓儿词的书目是包括散文（白词）、韵文（唱词）和韵诵体的诗词赋赞为内容的演唱艺术版本。在每部书中一般都有一首承前启后或寓意深长的开场诗作为全书的赋赞，继而在故事的情节发展中不时出现，用来写人状物、烘托气氛，其中可分为有规律的歌赋如“三字崩”“五字锦”等和组合比较自由的赞词等多种形式。

历经传承和发展，如今鼓儿词代表性传承人是徐佩和马运兴，二位老人的艺术功力和对小鼓艺术的执着热情随着时间的前进愈发浓厚，每当逢集赶会的时候还能进行说唱表演，向身边人传递“鼓儿词”艺术。

鼓儿词是极具地方特色的曲艺形式，它不仅历史悠久，展现国曲艺史和农耕社会的生产发展状况以及民俗风情，在表演上表、白、念、唱以及语言、句式独树一帜，同时也是我国民间少见的曲艺曲种。研究、发掘、整理这一艺术形式对丰富我国传统文化有着深刻的意义。

山东琴书（山亭）

2009年，枣庄市山亭区的“山东琴书”被山东省人民政府列入省级非物质文化遗产扩展项目名录。

山东琴书介于南路琴书与北路琴书之间，早期被称作“小曲子”，迄今已有百余年的历史。

据传，清朝末年，有一次遍地闹灾荒，山区人们的生活苦不堪言。在山亭区水泉镇老门洞村，有一户姓秦的人家为了求生，远离故乡，一家人靠沿街乞讨为生。有一天，他们乞讨到鲁南的菏泽地区，听到有人在唱小曲（山东琴书），又见有好心的百姓送衣送粮给那些唱小曲的，那些唱小曲的艺人基本能靠唱小曲糊口。秦家父亲当即想，假如自家孩子能够学会这门口艺、手艺，总比挨门逐户乞讨强点儿，于是，秦家父亲便苦苦哀求琴书班主收自己的两个儿子为徒。班主见秦家朝不保夕，实在可怜，加上秦家父子苦苦哀求，便决意收留秦家的两个儿子为徒。后来，秦氏为报答师傅的传艺之恩，便将大儿子秦德声改名为秦荷莲。“荷莲”取意谐音“可怜”，寓意永远报答师傅的传艺之恩。

过了几年，秦氏两兄弟艺业已成，加上秦氏已经年迈，思念家乡，秦氏两兄弟便带着父母沿途卖艺返回故里。回家后，秦氏两兄弟见家乡民众依然饥不饱腹，便将自己所学的艺业传授给了乡民，自那时起，至今已经传承至第四代。

山东琴书在抒情的“凤阳歌”“上河调”“下河调”“汉口歌”和极富激

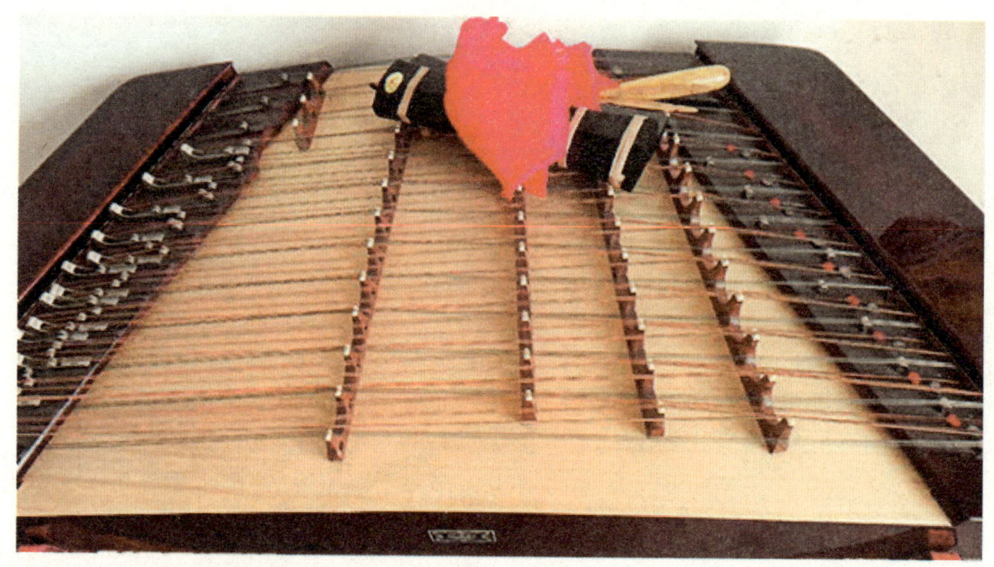

图一　山东琴书伴奏乐器——扬琴、手板

情的二板子（汉口歌，也称垛子板）的基础上，大量吸收豫剧、山东柳琴及民间小调的长处，把它们揉入琴书中进行演唱，演唱由原先琴书伴奏的三大件坠琴、扬琴、京胡扩展到二胡、笛子、唢呐、笙和碟子等伴奏乐器，每个伴奏员在完成伴奏的同时，又扮演剧中人物，由原来单调的演唱方式，发展成为立体形象化的戏剧表演方式，逐步形成山东琴书表演的独特风格。

山东琴书的音乐形式为说唱，其伴奏活泼，且没有固定曲牌，演唱较为随意，后经过发展，山东琴书那种随意性的演唱逐渐发展为定谱定腔的演唱。山东琴书的板式大致有下列几种：大八板、小八板、慢板、中板、二板、垛板、紧板、非板、自起板等。山东琴书的唱腔音乐为D徵调式，慢速时温和缠绵，中速时委婉圆润，快速时明快刚劲。山东琴书的唱词格式是以“二二三”的七字句和“三三四”的十字句为主体的上下句对仄式。也有一些特殊的唱词格式，如三字句的“三撑子”、五字句的“五字紧”等格式。山东琴书的传统书目非常丰富,如《九女出嫁》《金杯玉盏记》《十把串金扇》《三开棺》《张廷秀还家》《偷年糕》《蜜蜂记》《罗成算卦》《姜子牙卖面》《回龙记》《金称记》等百余个。现代书目也有《云峰山下》《二女争父》《除夕夜》《中秋月儿圆》等三十余个。

水泉镇老门洞村秦氏祖传的山东琴书迄今已传承至第四代。在水泉镇老门洞村的山东琴书的传承谱系中，第一代艺人为秦荷莲（艺名：大声）。他生于1911年，卒于1989年。在他从艺的期间，起初是去集市上或到村里进行演唱，没有固定舞台。后来因为琴书这一曲艺种类的演唱一直为鲁南的广大人民群众喜闻乐见，并且加之艺人精湛的表演技艺，水泉镇老门洞村的山东琴书的演唱范围迅速扩大，形成了东至平邑县、费县，西到微山，南达江苏省的铜山、邳县的盛景。民国初年，同秦荷莲一起拜师学艺的二弟秦德海举家迁往济宁，租了一处文场，从此在固定的舞台上演唱琴书，一演就是几十年。

20世纪30年代初，山东琴书陆续出现了一批琴书名家，如济宁的秦德海、秦德林、秦兴江等。他们继承山东琴书的优良传统，到各地演出，进一步扩大了山东琴书的流传范围。

20世纪五六十年代，山东琴书曾多次参加山东省济宁地区的会演和调演并多次获奖。1984年在枣庄市的会演中，山东琴书的第三代传人秦佑伦演唱的现

图二　山亭沧浪渊民俗节非遗展示

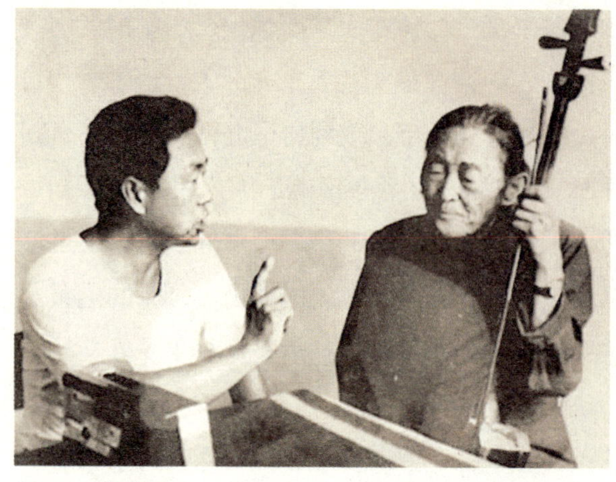
图三　秦荷莲

代题材琴书《云峰山下》荣获演出一等奖，2005年秦佑伦的传人张靖演唱的现代题材琴书《夫妻听房》荣获二等奖。

1985年，由枣庄市文联负责组织、秦荷莲主演的琴书剧目《十把串金扇》历时三个多月终于完成了录制。这次录制的琴书《十把串金扇》的剧本共分136回，录制的磁带有158盘。1986年，由秦荷莲主演的山东琴书《十把串金扇》的部分内容刊登在《中国戏曲》杂志上。

山东琴书以说唱为主，角色、人物都具有浓厚的生活气息，且乡土气息较为浓厚，多以惩恶扬善的农村故事为主要演出题材。另外，在山东琴书的演出剧目中传统书目相当丰富，现在创作的书目也很多，并且各具特色，丰富多彩。此外，山东琴书的唱腔风格独特，女腔委婉、华美，男腔粗犷、质朴，其还有丰富的花腔和鲜明的拖腔，并且大量运用切分音、弱拍起唱和装饰音。山东琴书是一种优秀的民间曲艺文化，发展、振兴、壮大山东琴书艺术，对加强精神文明建设，丰富广大人民群众的文化生活，以人为本、增强素质，促进全面发展，构建社会主义和谐社会，都将起到极为重要的推动作用。山东琴书还具有一定的科学价值。在长期发展中，山东琴书形成了严谨的格式，各个方面都趋于成熟，对于其他门类艺术的发展和研究具有积极的借鉴作用。

胶东大鼓（烟台）

2006年，烟台市的“胶东大鼓”被山东省人民政府列入第一批省级非物质文化遗产名录。同年被国务院列入第一批国家级非物质文化遗产名录。

烟台市地处山东半岛中部，北濒渤海、黄海，有大小基岩岛屿63个，它们像一颗颗灿烂的珍珠镶嵌在大海之中。胶东大鼓便是产生并流行于此的一种曲艺形式。

很长一段时间，胶东大鼓的演唱者均为盲人，也被叫作“盲人调”，俗称“瞎腔”；又因其主要伴奏乐器为三弦、书鼓，与其他地区流行的大鼓无异，所以也叫大鼓，再冠以流行地的名称，曰福山大鼓、蓬莱大鼓、荣成大鼓等。直到1949年9月，梁前光在青岛大众游艺社演唱时，胶东文化协会根据这一曲

图一　演唱胶东大鼓

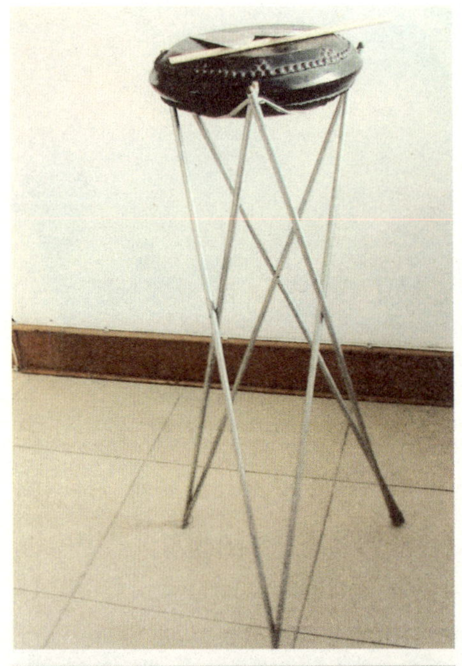

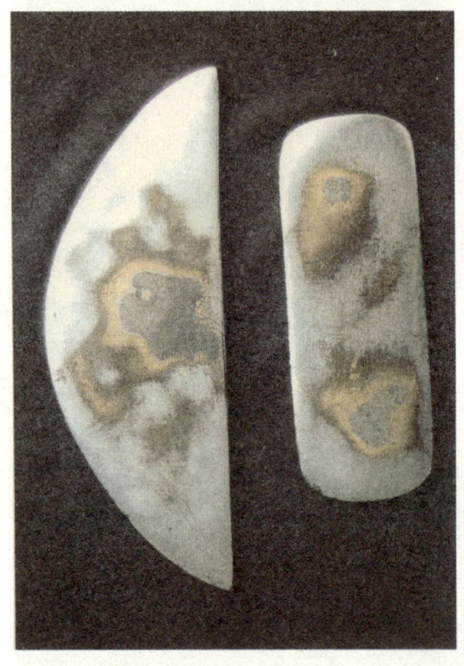

图二　胶东大鼓演奏乐器

种流行地域、语言特色以及考虑到它是由胶东各地大鼓合成等因素，正式定名为“胶东大鼓”。

最早演唱盲人调的盲艺人为乾隆初年荣成刘学义，按此时间推算，该曲种产生已有二百多年的历史。到了1937年，胶东各地盲艺人基于爱国热情，将盲人组织“三皇会”改建为“盲人抗日救国会”，通过演唱大鼓进行抗日宣传。同年，中共北海地委宣传部决定，在蓬莱磁石山区燕子夼举办“盲人训练班”，创编新词，改进大鼓曲调，以战争和根据地的群众工作及大生产为题材，对真人真事进行艺术加工，边写边排边演，及时进行宣传。这些新鼓词通过“盲训班”的教唱，流传整个胶东，被誉为“革命大鼓”。

胶东大鼓的主要伴奏乐器有：日月板、小圆鼓和三弦。其中，“日月板”为胶东大鼓所独有，由两片形状不同的钢板（也有铜板）组成，也叫“天地板”。“日板”是宽5厘米、长10厘米、厚3厘米的长方形钢板；“月板”是半径为15厘米左右的钢板，其声音清脆响亮。其形制与胶东大鼓艺人崇信“天地人”三皇有关，意为“天皇在上（日板），地皇在下（月板），人在当中”。小圆鼓则是圆月形，鼓边直径一尺左右，高二寸至三寸，小牛皮做成。三弦的木制琴杆为半圆形，其平面为指板，琴身全长约95厘米。

木制共鸣箱呈椭圆形，长约22厘米、宽约19厘米、厚约7厘米。以蟒皮鞔于腹背两面，琴面中央置琴码。琴头部为扇面铲形，弦槽两侧共置三轴，各系丝弦一根。

早期胶东大鼓的演唱形式，是所谓三大件形式，即一人自操三弦，脚打鼓、板进行演唱。发展至多人演唱时，各县受当地姊妹艺术影响，加入了坠琴、洋琴、二胡、板胡等乐器，增强了表现力。1949年后，舞台演出时还采用了小型乐队伴奏的形式。

胶东大鼓音乐丰富多彩，形成了三路流派，且各具特色。南路带有较明显的地方戏曲风味；北路则高亢明快，曲调婉转，富于旋律性和浓厚的胶东乡土风味；东路曲调质朴，少华彩而近口语，富于说唱性。至梁前光唱响后，艺人大多改唱“梁调大鼓”。梁前光唱腔是在当地民歌“满州转”“烧纸调”等音乐基础上吸收西河大鼓音乐发展而成。以“起腔”“平腔”“快板”为主体，另有过渡性的“二板”“落板”“花腔”组成。

“起腔”又名“起板”“头板”“四六板”“大腔”等，只用于整段唱腔的开头处。

“平腔”又称“平板”“平句”，是用于叙事的主要板式。

“快板”又称“紧板”“垛子板”“流水板”，艺人们也将它叫作“贯口”板，意思是说它的速度和小河流水一样快。

“二板”又称“接板”“扭头”“小腔”，是在起腔之后、平腔之前的唱腔，是个过渡板，主要起平腔和起腔之间的连接作用。

“落板”又叫“落腔”“甩头”，一般用在全篇的某些段落和全篇结束的地方。

“花腔”吸收皮黄腔而来，唱词为十言或七言句式。唱腔为上下句结构，上句落音自由，下句落在“5”音，多用于叙事。

“煞板”又叫“锁板”“住板”，用于唱段的结束处。有板无眼（1/4拍），上下句结构，上句落在“3”音，下句落在“5”音。

胶东大鼓的伴奏分为开唱前的“鼓套”和“随腔伴奏”两部分。随腔伴奏，是在句逗之处填充过门。鼓套有稳定场面、显示演奏技巧以吸引听众的作用。其曲调的长短，根据演员和听众的情绪而定。

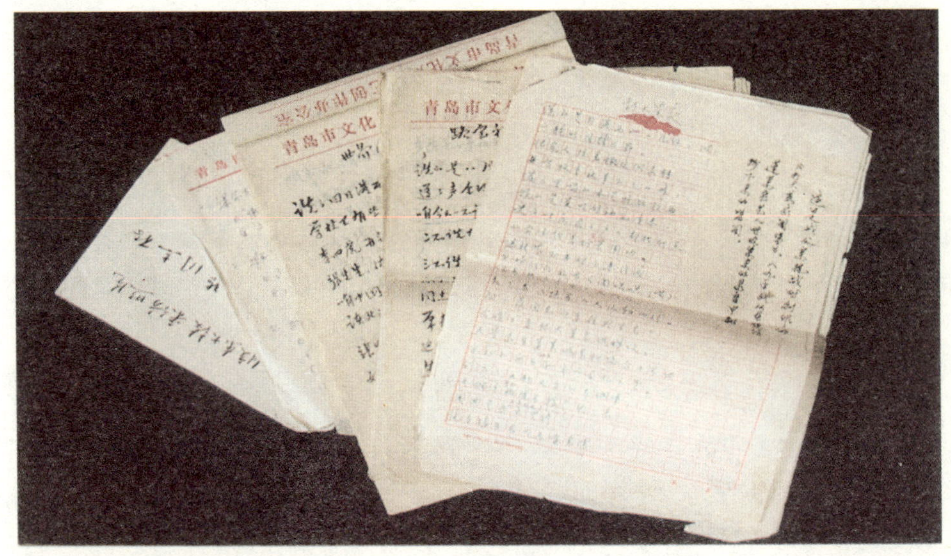

图三　胶东大鼓资料

胶东大鼓书目较为丰富，种类齐全，具有浓郁的地方特色。传统短篇书目有《刘伶醉酒》《三渡林英》《大螃蟹》《紫金镯》《馋老婆》《吕蒙正教学》等，中长篇书目有《红灯记》《紫金镯》《进宝传》等。新作品中《打青石岭》《半壁店战斗》《刘四翻身》《儿童英雄李大鹏》等有较大影响。

1923年，世界音乐大师克莱斯勒来到烟台，这里繁华和浓郁的地方文化特色激发了他的创作灵感。随后，他创作了世界经典名曲《中国花鼓》，再现了胶东秧歌和胶东大鼓的独特韵律。当我们欣赏这首世界名曲时，会深切感受到“最具民族性才最具世界性”的真正含义。

胶东大鼓在整个胶东民间民俗文化中占有重要地位，是丰富多彩的胶东民间文化的一个缩影，在各个历史时期，特别是在抗日战争时期，发挥了重要的作用，影响巨大。文化工作者除了对胶东大鼓进行搜集、挖掘、整理，还刻印了《胶东大鼓》文字史料，在烟台市群众艺术馆少儿曲艺团和莱州市文化馆艺术培训中心等举办《胶东大鼓》培训班。胶东大鼓作为胶东民间文化的缩影，将带动和促进整个胶东民间民俗文化的传承和弘扬。

端公腔（微山）

2006年，微山县的“端公腔”被山东省人民政府列入第一批省级非物质文化遗产名录。2011年被国务院列入第三批国家级非物质文化遗产名录。

微山位于山东省鲁西南地区，历史悠久，是古老而灿烂的北辛文化发源地。历史上出现过文学家王粲、医学家王叔和等文化名人，又有伏羲陵、微子墓等名胜古迹，人文底蕴深厚，是“端公腔”的发源地。

“端公腔”又称“端供腔”“端鼓腔”，是微山湖渔家独特的艺术表现形式，它的渊源最早可追溯到古代的“乡人傩”。旧社会，由于渔民过的是“船底无根，水上无线”的漂流生活，念书识字的人极少，“端公腔”的传承全靠口传心授，因此，有关“端公腔”的历史文献记载较少。

关于“端公腔”的来源，在微山湖渔民中流传着不同的传说：一是唐王李世民为了给西宫娘娘治病，许下三桩愿，其中第三桩愿是“敬天敬地”。娘娘痊愈后，李世民在金銮宝殿张灯结彩四天四夜，并杀猪宰羊请“神人”唱戏。据说，这些“神人”就是从微山一带请过去的，所唱腔调经过演变就形成了现在的“端公腔”。另一个传说是唐王李世民死后，后人为了给他超度亡魂，搭高棚、设香案、摆大供、祭坛之后唱的就是现在“端公腔”的腔调，当时为他超度亡魂的“端公”就是杨龙、化凤、沈四海、胡清、胡岚五

图一 微山湖端公腔项目简介

位祖师。

起初，“端公腔”是微山湖渔民在社会生产、生活中祈祷祭祀、追溯历史、喜庆丰收的礼仪习俗。后来在长期的传承与演变过程中，逐渐吸收容纳民间音乐、民间舞蹈、剪纸、绘画等艺术形式，形成了一种包含统一的曲牌调式、统一的舞蹈表现形式、统一的演唱内容的独特性综合艺术。这一粗犷豪放、独具水乡特色的民间演唱艺术日臻成熟。

“端公腔”大多是在逢会设坛时演唱。当地一年之中几乎每月都有会，如正月灯会，二月土地会，三月圣母娘娘会，四月泰山大会，五月太平会，六月雷祖、马王会，八月祈祷平安会， 九月大王会，十二月封湖冬会、造船会等。渔民们逢会设坛祈求天佑神护，场面盛大庄穆。“端公腔”分为四节，每一节有不同的表现形式：

一为开坛。坛头站立在船头，一声“开坛”号令之后，鞭炮齐鸣、鼓乐声响，此时的鼓乐是一边敲击羊皮鼓，一边晃动鼓圈下所缀的“九连环”，铁环相撞发出悦耳的声音。另有小钟形的“督标”指挥和领奏羊皮鼓队。

二为展鼓。此时，由四、六、八、十（双数）面羊皮鼓同时敲击，鼓点有轻、重、缓、急的不同敲法，所敲击的鼓套有“凤凰单展翅”“凤凰双展翅”“白鹅亮翅”“鲤鱼窜滩”“货郎进庄”“老鼠嗑牙”“黑驴尥蹄”“和尚撞钟”“魁星点元”“浪格浪”“搬倒桩”等18套。

三为拜坛。展鼓声中，表演者轮番进行祈祷祭祀。如果是“打生产”，就由下湖捕鱼的渔民在神像前诉说“祈祷风平浪静、鱼虾满仓”之类的言语；如果是“打家前”（续家谱的俗称），就由本姓中德高望重的族长，在祖先牌位前禀报续家谱的因由和要进行的程序事宜。

四为请神。“端公腔”的演唱是一种庄严肃穆、虔诚祈祷式的，表演时有

图二　开坛展鼓

说有唱、有坐有舞，一唱众帮，一领众和，一人说众人唱，唱词格律与押韵方式奇巧多样，曲调优美、热烈，舞步轻盈别致，有“二龙出水”“穿花”“圆场”“走灯”“走八字”等，所演唱的内容要根据设坛的目的而定。

原生态“端公腔”的伴奏乐器是几面羊皮鼓，声音单调烘托不出气氛。后来增加了扬琴、笙、二胡、笛子、琵琶、三弦、中阮等乐器，特别是以高胡作主弦，声音嘹亮、清脆，颇具水乡风味。单面羊皮鼓，鼓柄约10厘米长，末端有直径约10厘米的铁圈，圈上套着9个小铁环，叫“九连环”或“三环九扣”。伴奏时左手把鼓端在手中，右手用竹制的鼓签敲击鼓面，随着不同的鼓点晃动，下端的铁环子会发出悦耳的声音。

在唱腔上，“端公腔”体现出浓厚的地方特色。唱腔情感上分为喜、怒、恐、思、忧、悲、哀等不同的情绪，传递戏里生、旦、净、丑等不同角色的人物特征。唱腔结构是以板腔反复体为基础，五声音阶的“宫”“徵”变换的调式

图三　“端公腔”伴鼓

图四　《说唱微山湖》

结构。词格多是十言或七言的诗赞体，其中最基本腔调是以词代替腔名的“十字韵”和“七字韵”两种。另外，插入的曲牌来自于“京调”“魏调”等三十余种曲调。这些曲牌大部分是一人领唱、众人合腔，曲调优美、活泼、热烈。

随着越来越多的群体加入到“端公腔”的保护和传承工作中，“端公腔”的演出剧目越来越多，总体上可以分为《小秃闹房》等篇幅较小的段子，《刘文龙赶考》《张秀荣配嫁妆》等民俗性较强的中篇故事，以及《斩小白龙》《唐僧取经》《萧氏女过门》《张祥雇船》等传奇性较强的神话故事三种。1949年以来，经微山县文化馆文艺工作者改编的《渔家乐》《水乡北京紧相连》《微湖端鼓》《说唱微山湖》等作品，先后在省、市曲艺会演中获奖。

从起源到当今，“端公腔”以祭祀的礼仪方式、戏剧性的表演形式、曲艺式的说唱语言，追溯了微山湖区人民生产生活的历程及当地的风土人情，承载了湖区许多重大的文化信息和原始记忆，凝聚了人民的才能和智慧，是经过微山湖人民千锤百炼而流传下来的智慧结晶。它歌颂真、善、美，鞭挞假、恶、丑，用风趣幽默的表现形式洗涤和升华微山湖区人民的心灵，具有浓郁的生活气息和广泛的群众基础。它的演唱风格粗犷豪放、古朴优雅、清丽委婉、优美动听，独具水乡特色，被湖区人民世代传承和发展，成为当地节日庆贺中不可或缺的节目之一。

山东落子（金乡）

2009年，金乡县的“山东落子”被山东省人民政府列入省级非物质文化遗产扩展项目名录。2014年被国务院列入国家级非物质文化遗产扩展项目名录。

山东落子，又叫“莲花落”，因其主要伴奏乐器为大铜钹，所以又名“咣咣书”。艺人则被称为“打落子的”“唱咣咣的”。山东落子是一种源于宗教、逐渐过渡到世俗化说唱的民间曲艺形式。

落子源出隋末唐初时僧侣募化所唱的“落花”曲子，唐代叫“散花落”，都是用来宣讲佛教教义的。至宋代才有贫人乞食歌唱的莲花落。到了明代又在一般莲花落基础上产生了叙事莲花落。以唱曲为主的莲花落在山东始于何时，目前尚无文献可证，而“山东落子”一词，最早见诸清道光十二年（1832）手抄本《赶板牌子曲、快书、岔曲、马头调各样曲》中。

图一　落子伴奏乐器

山东落子系从宗教活动中演变而来的曲艺形式，清朝中后期才具有了明显的说书特性，但从其保留曲目中，仍能看出浓郁的宗教色彩，如八仙的故事、借二十四孝寓因果轮回的故事等。山东落子在全省各地普遍流传，演出形式基本相同，均以单页铜钹、竹板作为伴奏乐器。一人自行打竹板击铜钹演唱者，叫作“荷叶吊板”，亦曰“单吊板”；两人分击铜钹、竹板演唱者，叫“双吊板”，亦曰“擎板”。山东落子演出形式较为简单，但风格粗犷强悍，具有浓厚的山东地方特点，尤其演唱到书中热闹当口，艺人们常将手中大响钹高抛两三丈，猛转身打个飞脚接住再唱，有声有色，节奏不乱，这成为山东落子特有绝活儿，也是听众称某艺人为“飞天咣咣”“飞咣咣”的由来。

山东落子的主体是叙事性的咣咣书。其艺术特征是以大竹板及铜钹为伴奏乐器，演唱中常将铜钹高高抛起，颇类于元《刑法志》所禁唱的抛钹。

山东落子因系无管弦伴奏之徒歌形式，唱腔有较强的随意性，故而语言比较口语化，易为百姓所接受。同时因为其唱腔艺术的不规范性，易受方言以及当地流行艺术的影响，所以各地方落子曲调风格亦有明显差异。山东落子属于吟唱型的板腔结构体，散韵相间，唱白自由，平顺开阔，风格粗犷，符合农村听众的欣赏口味。其句式以七字句为主，上下两句反复吟唱，伴奏过门亦无定格，演唱者可根据情节气氛与情绪表达需要，自由决定其长短。

山东落子作为传统的戏曲艺术形式，有着自己的特色。山东落子风格多变，无固定唱腔，行腔可长可短，节奏可急可缓，自由随意，因此艺人唱腔音乐风格丰富多彩，不尽相同。在山东落子的演变过程中，艺人们为吸引听众，大量移植改编姊妹艺术的长短篇曲目，并进行了曲种化改造，使其具有了独特的语言特色。另外，山东落子具有较强的地域性，演出形式简单粗犷，多为一人左手敲单扇大铜钹，右手打竹板的单人表演形式，风格独特，气势威武，表现出浓郁的地方特色，充分显示了鲁西南人民率直彪悍的精神气质。

山东落子一直在民间流传，囿于方言关系，具体到某个艺人，其流布范围十分有限，因此其传承情况少见文字记载。但从河南省《曲艺志》中得到的附证材料却有，光绪十一年（1885），一位名叫韩凤魁（1862—1911）的落子演员，将落子传到河南永城，并传艺授徒。韩凤魁系成武县孟传信的弟子。清末民初，曹县也有艺人传艺于豫东范县等地。两支均有著名艺人出现，享誉河

图二　落子国家级传承人张青敏演出

南曲坛。由此可以窥知落子在鲁西南地区的流布盛况。

据杨教常、傅永昌等山东落子老艺人口述：山东落子艺人属丘祖龙门派，可与道士叙辈分，到道观中挂单。在清嘉庆末年（约1817），山东落子就有名家刘本春出现。其后的王合玉、王教增、乔玉山、李合钧（小胡椒）、侯教山（飞天咣咣）等，都是清末以来很有影响的艺人。20世纪五六十年代，巨野出现了冯庆海、褚福林等较有影响的落子艺人。1957年，山东省第一届曲艺会演中，冯庆海演唱的落子传统曲目《李存孝夺箭》获得表演三等奖；1962年，褚福林演唱的《小两口争灯》获全国曲艺调演优秀奖； 1972年，褚福林演唱的《砸坦克》获山东省军区文艺会演一等奖。这些艺人将自己的生命融入山东落子中，相互成就着对方。

山东落子的曲目一部分保留了宗教色彩，为曲艺史、宗教史的研究提供了重要参考资料；而另一部分则为适应说书需要，变得通俗易懂，富有口语化特色，乡土气息浓郁，它对于民俗学、方言学、社会学来说，都是不可多得的活体研究对象。

山东落子的艺术价值也不容忽视。它是我国民间音乐的重要组成部分，也是集文学、音乐、表演为一体的综合性艺术。最初，它是民间艺人为了维持生计所从事的一种表演形式，如今发展为舞台上的一种表演艺术。其题材内容、音乐结构、表演形式都是由专人创作、专人表演的，并与民间音乐、当地方言密切结合，具有一人多角的特点。几千年来，劳动人民的辛勤耕耘不仅创造了辉煌的物质文明，也创造了具有鲜明特点的文化艺术。作为中华民族极为珍贵的文化遗产之一，山东落子充溢着旺盛的生命力，如同一位健硕的汉子，正矫健地走向光明而美好的未来。

端公腔（东平）

2006年，东平县的“端公腔”被山东省人民政府列入第一批省级非物质文化遗产名录。2011年被国务院列入第三批国家级非物质文化遗产名录。

东平县西南部有一个东平湖，是山东省第二大淡水湖。据史料记载，东平湖已有4500多年的历史。住在东平湖沿岸的渔民以湖为家，靠捕鱼为生，与湖水结下了不解之缘。端公腔便是在渔民中流传的艺术形式。

端公腔是由民间小曲、小调发展而成，又名“端舞戏”“端公戏”，被东平湖周围的渔民称为“敬河神”。其主要流行区域为东平湖、南四湖及运河两岸，现在流传到黄河河口、渤海岸边。关于端公腔的起源，据老湖镇老湖村王家礼讲，端公腔始于唐朝贞观年间，唐太宗李世民曾下令举行“敬河神”的仪式，这一仪式后来流入民间，并延续下来。

到清朝乾隆年间，用于敬河神的端公腔逐渐盛行。渔民为了祈求平安、庆祝丰收，便供出“金龙四大王”“柳爷（蛇神）”之神位，一边鸣炮，一边起舞歌唱。演唱时无管弦乐器伴奏，只有几面圆形的单面羊皮鼓，鼓柄末端大铁环上套有9个小铁环，伴奏者用竹篾敲打鼓面，同时晃动铁环。演员根据戏中人物需要，化装表演。

东平湖沿岸的老湖镇、大安山、戴庙乡有渔民近五万人，端公腔流入东平

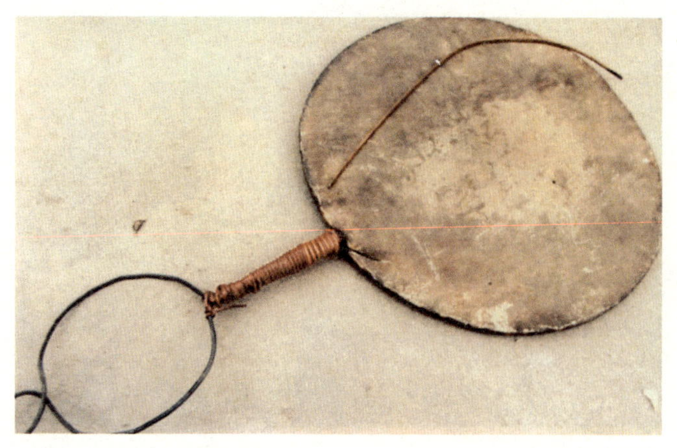

图一　伴奏乐器羊皮鼓

已有百年历史。原来专为敬河神所演唱的端公腔，逐渐演变成渔民庆贺丰收、婚娶寿宴、续家谱等活动的民俗娱乐形式。端公腔有成套的规范唱腔，有大批经典曲目，深受渔民喜爱。渔民在捕鱼的船头、织网的湖滩，在节日聚会、休闲时光，都能唱上一段端公腔。

端公腔的主要伴奏乐器为羊皮鼓。羊皮鼓形如圆形蒲扇，用羊皮单面包成，鼓柄末端的铁环上套有9个小铁环，鼓面圆圈与鼓柄小铁环合称“成双成对、十全十美”。演员在台上用竹篾打鼓面的同时，还要转动鼓面，使鼓柄上的小铁环发出声响，有时候演员不拿鼓，由台下多人打鼓伴奏。端公腔虽无管弦乐器伴奏，但是演唱有腔有韵，曲调曲折婉转，叙事明快清晰，且唱腔别具特色，常常见的有“七字韵”“十字韵”“叠断桥”“上河调”“下河调”“卫调”“榔头调”“摇五更”等。

过去，端公腔的演出比较常规，有大班、小班之分。敬自己先祖，可由小班演唱，四个人表演，唱一天一夜，供品为猪头、鸡、鱼、水果；春节前，停止捕鱼欢庆丰收，由大班演唱，十四五个人表演，唱四天四夜，供品为整猪、整羊、鸡、鱼等。但是随着时代的变迁，以上的常规都已经被打破，家族继谱、婚娶吉日都会请人表演，演唱时间不受限制。

端公腔表演中的所有角色均由男人扮演。演旦角时，男扮女装要包大头或戴大发，浓妆艳抹；男角脸部多不化妆，根据剧情需要随时更换戏衣。端公腔的服装头饰、髯口、头盔等与其他曲种相同。端公腔的演出，有时一人单独演唱，有时二人对唱，还有一人领唱、多人帮腔，两人或三人合唱等形式。因为没有管弦乐器伴奏，所以其演唱稍微带有原生态唱法的特色。

端公腔两人表演时，表演者手持羊皮鼓对穿花或顺时针转圈。三人表演时，三人对穿花或顺时针转圈。顺时针转圈的脚步为前进两步半后，往后倒半步。三人穿花时，各自形成小“8”字，同时还有正转身、反转身之别。端公腔艺人表演时，剧中人物动作，男女各自有别。

端公腔的曲目多来源于民间传说和历史故事，内容以扬善惩恶、忠孝节义、立德修身为主。如劝人为善的唱词有：“张口别骂年尊老，抬手别打少年人。骂了年老折阳寿，打了少年结冤仇。”端公腔有大小曲目50多个，经常演唱的有《刘文龙赶考》《张相打嫁妆》《张郎休丁香》《魏征斩小白龙》《秃尾巴老李》《会情郎》《家亲》《鸡黎明》《张老爷下水》等。其中，《刘文龙赶考》有唱词3000多句，端公腔的曲目能唱十天半月不重复。

过去，常年忙于水上捕鱼的渔民，文化生活贫乏，当身乏体倦时，哼上几句端公腔唱腔，可以排除水上生活的烦恼，同时也净化了人们的心灵。

端公腔的演唱活动主要在农历腊月，这时候渔船收港，喜悦的渔民祈求平安，庆祝丰收，欢度春节，端公腔的表演增添了节日的欢乐气氛。忙了一年的

图二　端公腔表演剧照

渔民，与乡里乡亲欢聚一堂，叙叙旧情，谈谈希望，端公腔的表演活动成了渔民亲情的纽带、友谊的桥梁。端公腔是渔民的戏，是传统的民间民俗文化，端公腔的传承和发扬，具有深远的意义。

山东大鼓（夏津）

2009年，夏津县的“山东大鼓”被山东省人民政府列入省级非物质文化遗产扩展项目名录。

山东大鼓起源于明末，是在民间鼓词、运河号子、民间小调的基础上发展而来的，距今有300多年历史。当时，夏津县民间艺人吕廉山自幼聪明伶俐，喜欢唱乡村小调、讲演民间故事，经常模仿大人拿着木板和木棍边敲打边演唱，后来又向当地许多老艺人请教，开始到各地演出，在济南一带很有名气，收了夏津县范楼村说书艺人范其风等许多弟子。范其风，外号老冒，将山东大鼓这一曲种进行整理和改进，在鲁西北一带影响巨大，民间流传着“爱听范其风，下雨也不动”的说法。后代传人中有名的艺术家还有外号王二快嘴的王长志和李长尊，王长志曾在第一届山东省曲艺大赛中荣获一等奖。

图一　王长志演出山东大鼓《郭三元偷供》剧照

山东大鼓一开始采用一人持三弦伴奏，一人或多人表演的形式，后来受场地和经济收入的制约，既要方便演出又要迎合观众的欣赏需要，第四代弟子张振武和陈立江、刘振清共同探索出了单人伴奏加演唱的表演形式。

1949年以来，张振武对山东大鼓这一古老曲目进行了改革和发展，并在夏津及周边的武城、临清、高唐、平原、临西、清河等地演出。他进一步改革原来的演唱节奏和语言，说书时情理细腻、演说生动、台风潇洒。他创制、演化出不少新的唱法和优美的鼓套子，使整个说唱表演更为细致，结构上更加严谨规范，大大提升了这一曲种的艺术魅力。张振武总结前人经验，使山东大鼓具备了自己独特的艺术风格，适应了历史发展和艺术发展的规律。张振武在夏津县及整个鲁西北地区可谓家喻户晓，当地有句口头语“听见山东大鼓响，一回不听闷断肠”，常演出的曲目有《施公案》《包公案》《秦香莲》《隋唐演义》《杨家将》《野火春风斗古城》等。20世纪50年代初，当地成立了曲艺队，约100人，张振武为队长，曲艺队汇集了全县曲艺界老艺术家及青年曲艺人才，众人集中学习、演出。1957年，张振武表演的山东大鼓《朱买臣休妻》在山东省曲艺大赛中荣获三等奖，并被收入《中华人民共和国曲艺大典》，张振武被誉为“山东省曲艺家”。

山东大鼓操作简单、演唱方便。演员只要携带木板、鼓槌、木鼓，就可以在任何一个地方演唱。演出时，演员左手拿木板，右手持槌击鼓，采用单人伴奏的演唱形式。一开场，演员利用手中的板和鼓，演奏行云流水般的鼓套子，周围的观众一听就知道要开场了。演员开场时或者是念一首定场诗（也叫引子），或者是先唱一首曲子再解说；手中器具有时也被用来当作演出道具，比如挥舞起来当作马鞭、刀枪、毛笔等。

图二　表演剧照

山东大鼓由单人说唱、表演及伴奏，演出形式灵活，曲目丰富，内容诙谐幽默。唱腔来自民间小曲和歌谣，口音以当地方言为主，稍带有普通话。刻画人物比较细腻，说唱内容包括人物外表、内心活动、言谈举止等方面，描绘得惟妙惟肖、栩栩如生。山东大鼓有“实口”和“趟口”之分，“实口”就是传统带有基本功的段子，原词原句不可更改；“趟口”就是根据书中内容或故事情节，可对其曲调鼓板及唱腔台词进行随意发挥创造，有时候演员在台上现编现演，使观众百听不厌，流连忘返。最受欢迎的曲目多是张振武曾在夏津人民剧场连续演出三年无重复的剧目，除了前文提到的剧目，还有《响马传》《朱买臣休妻》《郭三元偷供》《双逛灯》《蚂蚱出殡》《小英节烈》《江姐进山》等几十部作品。

山东大鼓集文字道白、演唱伴奏于一身，留下了丰富的传统名段和演员自己创作的艺术资料。它的存在和发展，对京韵大鼓、快板书等艺术形式的研究有极其重要的作用。山东大鼓是夏津民间文化艺术的主要组成部分，在当地群众中深深扎下根，保护、传承、发扬山东大鼓，将大大丰富当地群众的文化生活，对当地的精神文明建设也将产生积极的作用。

山东八角鼓（聊城）

2006年，聊城市东昌府区的“山东八角鼓”被山东省人民政府列入第一批省级非物质文化遗产名录。

东昌府区位于鲁西平原腹地，历史悠久、文化灿烂。明清两代，由于京杭大运河漕运兴盛不衰，东昌府经济繁荣，文化昌盛，成为沿河商业重镇。频繁的商业往来也带动了不同区域之间的文化交流，一些具有浓郁地域特色的民间文化也在聊城扎根。作为省级非物质文化遗产的山东聊城八角鼓就是一种外来的艺术，历史上沿着运河从北京来到聊城，在当地演变传承，并最终形成了具有聊城地域特色的曲艺形式。

图一　山东聊城八角鼓

八角鼓是盛行于清代的曲艺形式，以演唱者所用的击节乐器八角鼓而得名。八角鼓是满族打击乐器，鼓身有八个角。《中国地方戏曲集成》记载：“八角鼓原是满族在关外牧居时的民间艺术。满族人民常在行围射猎之暇，以八角鼓自歌自娱。”又说，“八角鼓原系一种坐腔岔曲形式”，形成于“清康熙、乾隆时期”，“乾隆、嘉庆以后，已无专业艺人，仅由八旗子弟做非营业性的演出，清唱于厅堂筵席之前”。

清代中叶，北京八角鼓流传到聊城，受到当地城乡居民的喜爱，改用当地方言语音演唱，并吸收了“岭调”“靠山调”“马头调”等民间小曲，以及河南鼓子曲的一些曲牌，逐渐演变成具有独特风格和地方色彩的曲艺形式。后来，聊城八角鼓流传到济宁、胶州地区，分别称为济宁八角鼓、胶州八角鼓，与聊城八角鼓统称为山东八角鼓，聊城八角鼓是山东八角鼓最重要的支派，流传最盛。

八角鼓自乾隆末年以后，盛行于满族旗籍子弟中间，旗籍子弟喜好在票房内编词演唱以自娱。旗籍子弟演唱的八角鼓包括5种演唱形式，分别是“岔曲”“群曲”“拆唱八角鼓”“单弦”“双头人”。

“群曲”，由多人齐唱、轮唱，有鼓、板、锣、钹和弦乐伴奏。刘振卿《八角鼓遗闻》记述：清乾隆四十一年，阿桂征服金川凯旋后，将乾隆皇帝所作满语军歌译为汉文，以八角鼓曲调谱曲，用苗、瑶等少数民族乐器金川鼓、大铜铙、铜钹、小锣等击节，使军士合奏而歌。这是八角鼓群曲演唱较早的记载。清代多由子弟票友应邀在亲友的喜庆堂会上演唱，民国以后已渐衰落。1949年以后，有的曲艺团体曾对这种形式加以改革，由多人亦歌亦舞来表演，称为“单弦联唱”。

“拆唱八角鼓”，由演员分饰正、丑角色，根据曲词内容及人物的多少，由3~5人分包赶角，一般以3人演唱的节目为多。因其演唱形式近于戏曲，人称“八角鼓带小戏”。这种演唱形式兴起于乾隆、嘉庆之间，演唱时以丑角为主，曲词中穿插很多插科打诨的说白，与后来的相声有异曲同工之妙。

“双头人”，演唱内容与单弦相同。清代对演员自弹自唱的形式多称为“单弦”，而以一人持八角鼓击节演唱，另一人操三弦伴奏者称为双头人，或说双头人是由两人共操一把三弦，一人按弦，一人弹拨，同时轮唱曲词的形式。

清代旗籍子弟组织票房演唱八角鼓时，还包括一些其他曲艺、杂技形式，称为“全堂八角鼓”。崇彝《道咸以来朝野杂记》说：“八角鼓之全堂，分鼓、溜、彩三种为完备。鼓，唱也；溜，相声之类；彩，戏法。”北京艺人又有不同说法，认为“鼓”指八角鼓、北板梅花大鼓、联珠快书等形式；“溜”应作柳，指旗籍子弟喜唱的马头调等小曲之类；“彩”指古彩戏法、相声、双簧等形式。

清代俗曲总集《霓裳续谱》《白雪遗音》《百万句全》《牌子曲五种》《别本牌子曲五种》等书中都收录了不少八角鼓曲本。但《霓裳续谱》所收录的曲词，都是乾隆年间歌童演唱的脚本，作品在情趣、格调上与旗籍子弟编唱的曲词不同。

八角鼓传入聊城之初，原分布于明清时期东昌府及周边地区，演唱者多半是民间的业余艺人。清代末年盛行以后，职业艺人渐多，除清唱外，又有八角鼓艺人开始将八角鼓唱段改为化装演出，遂使聊城八角鼓具有了清唱段儿书与化装彩唱两种演出形式。

聊城八角鼓的唱腔结构属于曲牌联套体，开头都用“鼓子头”“阴阳句”，中间使用的曲牌视内容而变化，结尾多用“垛子”或“鼓子尾”。以唱为主，辅以表情动作。早期只用三弦伴奏，演唱者以八角鼓击节。后来伴奏乐器逐渐充实，增加了扬琴、琵琶、二胡等弦乐器和节子板、小钹等打击乐器。化装演出则有专门乐队。

聊城八角鼓曲目丰富。清唱大段有《送穷神》《耗子告猫》《长坂坡》《灞桥挑袍》等。清唱小段，近于北京的岔曲、腰截，多半是咏事咏物、抒情写景之作，有《黄菊开放》《秋景萧条》《尼姑思凡》《牡丹花开》等。化装演出节目也可清唱，多半是反映民间生活的作品，有《何先生教馆》《母女顶嘴》《王小赶脚》《断桥》《王大娘探病》等。1949年以后，中央民族音乐研究所对聊城八角鼓进行了发掘整理，记录了不少传统曲目和音乐唱腔，促进

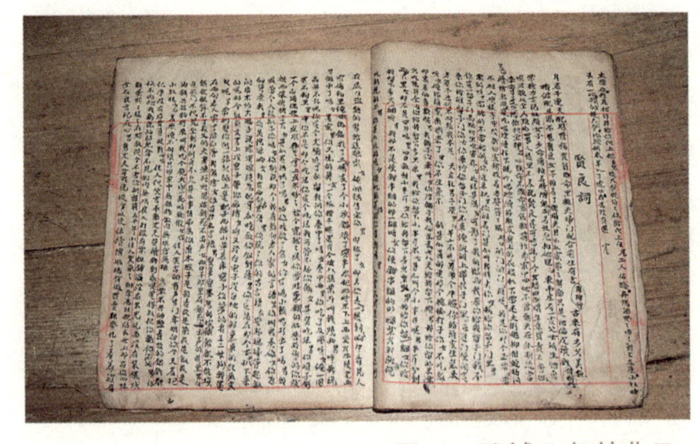

图二　聊城八角鼓曲目

图三　聊城八角鼓演出

了它的发展。

聊城八角鼓的牌子曲调在艺术表现上极为丰富，可一人唱，也可多人唱，作一人称、二人称、三人称。内容有故事情节，曲调在演唱中随故事情节的发展而变化万千，时而如高山流水，高瀑低泻，浪涛急流；时而又莺歌燕语，情意缠绵。它用淳朴的聊城方言演唱和道白，深入浅出，扣人心弦，引人入胜，成为聊城独树一帜的民间艺术。

改革开放以后，为了使聊城八角鼓这种艺术形式能够传承发展下去，有关部门开始对八角鼓进行保护性整理挖掘。2003年，东昌府区委宣传部组织文化部门和知名八角鼓艺人开展“聊城（东昌府）八角鼓工艺研讨”，明确将聊城（东昌府）八角鼓作为东昌府区的特色非物质文化遗产，全力进行保护、发展。2005年，区委召开关于保护聊城（东昌府）八角鼓专项工作会议，对保护、发展聊城（东昌府）八角鼓工作进行了全面部署，有关专家、学者、知名艺人对聊城（东昌府）八角鼓的现状、保护和发展规划等问题进行了深入、细致的研讨，之后将聊城（东昌府）八角鼓的保护和传承纳入规划。与此同时，东昌府区人民政府还划拨专款，并向社会筹集资金，对聊城（东昌府）八角鼓进行发掘、整理、保护和创作，支持八角鼓艺人进行演出传承。

聊城八角鼓作为明清曲牌、曲谱、八角鼓唱词、唱腔的有力佐证，是聊城乃至山东民间曲艺的代表，也是研究当时运河沿岸民间曲艺的珍贵资料，具有很高的音乐价值、史料价值、学术价值、艺术价值，都是丰富而宝贵的非物质文化遗产，对于当地民间文学和民间音乐的研究也有重要意义。

山东琴书（菏泽）

2006年，菏泽市的“山东琴书”被山东省人民政府列入第一批省级非物质文化遗产名录。2008年，被国务院列入国家级非物质文化遗产扩展项目名录。

山东琴书主要以鲁西南菏泽市的牡丹区、曹县、郓城为中心，活动范围包括山东全境及周边省市。菏泽市古称“曹州”，位于山东省西南部。作为一座历史文化名城，菏泽英才辈出，名胜繁多，名物宝藏丰富。

山东琴书约在清雍正年间发源于鲁西南菏泽地区（清曹州府），迄今已有三百多年的历史。山东琴书有南、北、东三个流派，东、北两路均源自南路，菏泽作为南路山东琴书的发祥地，一直是山东琴书的流布重地。

南路山东琴书作为山东琴书的母体，具有重要的历史价值、艺术价值和文学价值。它的音乐中遗存了大量明清俗曲曲牌，是音乐研究不可多得的活体标本。南路山东琴书的唱腔板式、演唱方法和乐器的演奏技艺有欣赏和继承借鉴价值。曲目体裁多样，数量丰富，均是十分生动的文艺作品，既有欣赏价值又有研究价值。尤其是坠琴、古筝和软弓京胡的演奏技艺，具有较高的造诣和传承价值。

南路山东琴书基本可分为早期“小曲子”时期、清末至1949年以前的鼎盛期、1949年以后的新生期三个阶段，三个阶段有着不同的形态特征。

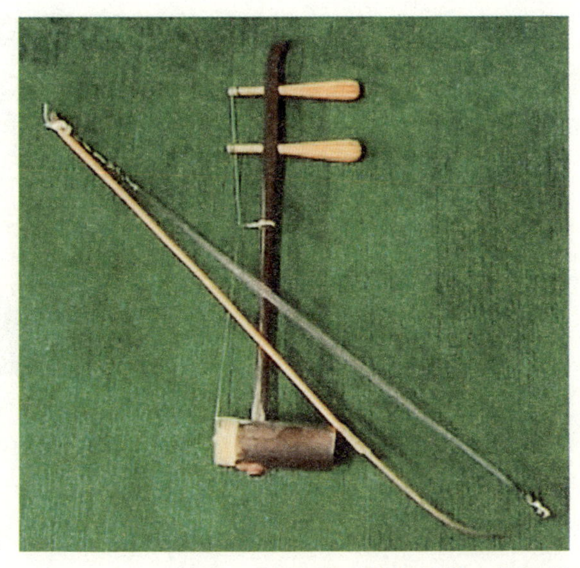
图一　山东琴书伴奏乐器：软弓胡

南路山东琴书早期“小曲子”时期，以自娱性演唱为主，演出形式并不固定，一人也可，多人也可，最多时可达十余人，乐器以古琴、古筝、扬琴为主，坠琴、琵琶、月琴、简板、碟子、四胡、笛子等均可参与伴奏。演出场中间放一条桌，上摆茶水，演唱者半圆围坐，先奏几支器乐曲牌，然后演唱曲目。器乐演奏讲究个人技艺，如演奏“大八板”，只要曲头曲尾碰齐，中间部分各乐器可以支声复调的形式自由发挥，艺人们称之为“山顶上聚齐”。演唱则注重声韵美，正襟危坐不事表演。曲词重文采，说白极少，以连缀使用曲牌的多寡比高低，据艺人讲演唱曲牌有300余支，仅用于《白蛇传》的曲牌就有217支。此时期的演出曲目不多，代表曲目有《白蛇传》（二十四回）、《秋江》（八回），以及为数不多的短篇曲目。

南路山东琴书经过了由萌芽到鼎盛的发展历程，演出形式逐渐固定。基本定型为以敲扬琴（或古筝）和操坠琴者为主唱，执其他乐器者为伴奏的坐唱形式。音乐结构由曲牌联套体，逐渐演变为以【凤阳歌】【垛子板】【汉口垛】【上河调】【银钮丝】【梅花落】所谓“老六门主曲”为主的主插式结构，并渐有板腔化的趋势。主曲【凤阳歌】【垛子板】变化多端，音乐适应力强。伴奏上秉承小曲子传统，注重演奏技巧，形成接尾伴奏的特点。另外，曲目的极大丰富，也为说书创作移植了一批故事性强、生活趣味浓郁的中篇书目，如《下苏州》《打蛮船》《空棺计》《草帽记》等，并进一步丰富了各种题材的短篇曲目。

明末清初，鲁西南单、曹二县的刘楼、尚楼、老爷楼、柳井一带，有些文士名流喜好唱曲，他们连缀曲牌，编写唱词，抓筝抚琴弹唱自娱。曹县刘

图二　山东琴书伴奏乐器：扬琴

楼的富户还专门盖了竹楼，中砌水池，修琴台于水上，专供抚琴抓筝演练小曲，自名“琴筝清曲”，俗称“小曲子”。郓城陈乃端所存该县“琴筝清曲”谱系，有“雍正十三年，头辈师爷王尚田，善通琴书画，闻名东平湖……”的记载。据传乾隆五十一年（1786）前后，在曹县梁堤头曾出现过“小曲子”名家梁启祥。后来曹县、郓城、鄄城、巨野等地“小曲子”演出一直兴盛不衰。期间，以二十四回《白蛇传》为主要书目，另有少数短篇曲目，连缀使用的曲牌多达300余支。

“小曲子”在鲁西南一带出现之后，逐渐在当地流传，在冬季农闲的时候，村民经常在地窨子中教唱，春节期间还会携琴访友。后来，这种活动逐渐演变为“灯节赛会”，后又演变为民间自娱性的“庄稼耍”。

清末民初是南路山东琴书的鼎盛期，其中曹县的苗金福、郓城的刘老继等在群众中较有影响。菏泽全境各个县区均有多个琴书班社以及相对知名的艺人。山东琴书成了群众文化生活中的主要艺术形式。也是在这个时期，在菏泽地区山东琴书的基础上，商秀岭在胶东创出了“东路山东琴书”，邓九如在济南创出了“北路山东琴书”，而流布于鲁西南的原产琴书则被称为“南路山东琴书”。南路山东琴书又名“唱扬琴”“山东扬琴”等，产生早期称作“小曲子”。1933年，著名艺人邓九如在天津青年会商业电台

图三　山东琴书《水漫金山》演出照

演唱时，正式将其定名“山东琴书”。

1949年以后，菏泽市作为南路山东琴书代表地区，多次参加了全国及省级会演，取得过辉煌的成绩。各县区成立了曲艺队，南路琴书则成为各队的骨干曲种，职业和半职业琴书艺人有800余名。比较著名的演员有王振钢、胡化山等，他们功力深厚，技艺全面，多次在各种演中获奖。1957年6月，在山东省第一届曲艺会演中，菏泽曲艺代表队演出了曲牌联套体的《水漫金山》，受到关注和欢迎。1980年，菏泽曲艺队演唱的南路山东琴书《大林还家》，参加全国优秀曲艺节目观摩演出，在增强抒情性与时代感方面又取得成功，荣获创作、作曲、演出三个一等奖。

悠悠琴音，古韵悠长。山东琴书是散落在民间的珍宝，为了留住中国传统之美，社会各界积极收集、挖掘南路山东琴书曲目抄本，并对部分老艺人及其唱段进行录音、录像。当地艺校及民办艺校开设曲艺班，培养了一批青年演员，多名青年演员在市及省级曲艺会演中获奖。各种书目的编纂也使遗存在郓城、被誉为“现代诸宫调”的二十四回《白蛇传》得以传录。另外，开展曲艺会演、比赛等活动，以及组织南路山东琴书艺人参加宣传普及活动，使南路山东琴书观众群得到了扩大，珍贵的资料得以保存。守护好山东琴书这片乡音，是我们义不容辞的责任。

山东花鼓

2006年，菏泽市的“山东花鼓”被山东省人民政府列入第一批省级非物质文化遗产名录。2014年，被国务院列入第四批国家级非物质文化遗产代表性项目名录。

菏泽古称“曹州”，位于山东省西南部。作为一个历史文化名城，菏泽曾孕育诸多伟大不朽的人物，唐尧生于鄄城，虞舜渔耕于雷泽，陶朱公经商于定陶，黄巢起义于冤句。他们对华夏文明的起源、传承起到了不可替代的作用。这里文化底蕴丰厚，有“曲山艺海”之称，山东花鼓便产生于此。

图一　山东花鼓剧照

山东花鼓又名“花鼓丁香”“打花鼓”“花鼓腔”“花鼓秧歌”，是一种以花鼓为主要伴奏乐器，对口走唱的说唱艺术形式。花鼓的产生历史较为久远，南宋耐得翁所

著《都城纪胜》有这样的记载："杂扮或曰杂班，又名钮元子，又名技和，乃杂剧之散段，在京师时，村人罕见入城，遂撰此端，多借装为山东、河北村人以资笑，今之打和鼓、捻梢子、散耍皆是也。"元明时期，花鼓常被官府视为"淫词荡调"而屡遭禁演（见《元明清三代禁毁小说戏曲史料》），但从侧面可以看出它在民间得到了百姓的深爱。明人周朝俊所撰《红梅记》中，有"丑公子曹悦，爱其表妹卢昭容，让村头打花鼓者唱艳词，以动其心"的情节，这说明花鼓在明代不仅流行于农村，还进入了宦官士绅的厅堂。

花鼓在菏泽最早始于何时不见著述。但据20世纪50年代山东曲艺艺人登记时的艺人资料显示，明代以后，花鼓即以皖北砀山为中心，活跃于鲁、苏、豫、皖四省接壤地带。其中流行于山东的花鼓大致分为三路，以鲁西南为中心往北、往东发展，与各地民间小曲、舞蹈等艺术形式互相结合，逐渐形成具有不同艺术风格的南、北、东三路，这三路花鼓后来发展成为地方戏曲剧种，在山东戏曲发展史上产生过非常重要的影响。

清中叶前后，流行于菏泽（曹州府）、济宁等鲁西南地区的"南路花鼓"，因多演《休丁香》，被俗称为花鼓丁香。表演形式上已经发展得比较完备，少数以一人击打花鼓演唱，多数则是二人对口演唱。二人对口是一男一女

图二　男扮女装

进行表演。男角俗称“鼓架子”，多是挎花鼓、着便装、束腰带、双手舞动鼓槌，配合身段动作及曲调节奏进行敲击，演唱时以插科打诨、语言表情幽默风趣为特点。女角俗称“包头”“舞桩”，最初均由男性演员扮演。化装彩扮，包头贴片或戴满头绣球，两条彩球飘带飞舞胸前，乌黑长辫垂于脑后。上穿彩衫，下配五彩缤纷之飘带罗裙。足踩小跷，手持折扇（或用彩绸、花手绢）。演唱时手扶男角肩，边歌边舞。二人对口的表演兼有一人多角的特点，时出时进配合默契，活泼风趣，在农村集市、庙会进行演出时备受欢迎。

清代末叶，菏泽花鼓已出现戏曲化倾向，不少地方已由“一人多角”式的对口演唱，发展成为几个人分角演唱，新增添的人手多兼操大锣、小锣、铙钹、梆子等打击乐器。虽仍无弦索伴奏，但吸收了山东梆子、柳子戏等地方剧种的部分锣鼓经，增强了打击乐伴奏的表现力，演出气氛热烈、活跃。整个演出人数一般不超过十人，“紧七慢八六个人瞎抓”，形象地说明了这种情况。约在清咸丰末年，鲁西南一带流行的“南路花鼓”，逐渐向戏曲形式发展，最终衍生出“两夹弦”“四平调”两个剧种。由鲁西南往北传播，流布于聊城、德州等广大地区的称作“北路花鼓”，逐渐发展成为地方小戏“一勾勾”，往东传播，流布邹县（今济宁邹城）、滕县（今枣庄滕州）、峄县（今枣庄峄城）等地的花鼓称为“东路花鼓”。其曲调叫作“锣鼓冲子”，在当地由打地摊、盘凳子逐渐衍化成为地方小戏“拉魂腔”（也称“拉后腔”），即后来所谓的“柳琴戏”。“锣鼓冲子”传入淄博、滨州、潍坊及胶东半岛后，俗称为“肘鼓子”。以肘鼓子曲调为基础，结合当地流行的俗曲小唱，发展演变形成了“五音戏”“茂腔”“柳腔”等颇具影响的地方戏曲剧种。但作为说唱形式的花鼓并未消亡。

山东花鼓传统曲目丰富，唱词俚俗，乡土气息浓郁。其内容多为反映男女爱情、家庭道德伦理的悲欢离合故事，情节简单，语言朴实，通俗易懂。山东花鼓短篇书目计一百余段，其书目有“小八句子”“大八句子”和中长篇书目等。

山东花鼓音乐十分丰富，既有曲牌体又有板腔体，风格独特，表现力强。其唱腔音乐以七声音阶的宫调式为主，亦常出现宫、徵调式的交替使用，其唱腔的主体部分属于板腔变化体结构，但由于自由吟唱，有较大的灵活性、伸缩性，多为七字句、十字句。常以散板起唱，以多用衬字、衬词、衬句为特色，被称作“九腔十八昂”。

图三 山东花鼓音像光盘

花鼓的伴奏仅有打击乐，没有文场。打击乐伴奏，由开台锣鼓和唱念锣鼓两大部分组成。开台锣鼓的主要作用是演出前招徕观众，其鼓点大多吸收于姊妹艺术并加以演化而成，主要有“开场锣鼓”“老三番”“新三番”“串三番”“串三锣”等十多种。而唱念锣鼓则是各种板式唱腔、专用曲牌以及说白时穿插使用的锣鼓经，变化灵活，长短不一，有三十余种。

山东花鼓演出形式古朴简便，是山东曲艺品种中唯一一个走唱类曲种。曲目特色突出，十分擅长表现家长里短的生活故事，即所谓“针线笸箩”，从它的基本曲目“老八本”（《头堂》《二堂》《休妻》《花墙》《大帘子》《二帘子》《花轿》《抱牌子》）可以窥其一斑。其语言特色鲜明，地方色彩强烈，粗看似缺乏规范，细研究才显出艺人运用语言的智慧和成就，唱词既口语俚俗，又贴切恰当，充分显示了艺人掌握和运用方言俚语的能力。

山东花鼓衍生出了两夹弦、四平调、五音戏、柳琴戏、茂腔、柳腔、一勾勾等多种地方戏曲，是众多剧种的直接母体，对山东地方戏的发展产生过重要影响。因此，收集、挖掘山东花鼓曲目抄本，对老艺人及其唱段进行录音、录像，将山东花鼓转化为更易传承、传播的形式，是我们目前的主要工作。

山东花鼓历史悠久、深入民心，在历史上产生过重要影响，是菏泽人民长久以来的主要文化娱乐形式之一，具有深厚的文化积淀。在今天仍拥有深厚的群众基础和相对广泛的发展空间以及演出市场，是一个既古老又年轻的艺术形式。

莺歌柳书

2006年，菏泽市的“莺歌柳书”被山东省人民政府列入第一批省级非物质文化遗产名录。2008年，被国务院列入第二批国家级非物质文化遗产名录。

菏泽位于山东省西南部，历史悠久，是齐鲁文化和中原文化的交汇地。集儒释道文化之大成，“襟带河济，控扼鲁宋”，号称“天下之中”，是最早形成“莺歌柳书”的区域。莺歌柳书是北方曲艺中的稀有曲种，被称为“活化石”。

莺歌柳书，亦名“莺歌柳子”，是流传于鲁西南、鲁南地区及豫东、苏北一带的一种民间说唱艺术形式。其所以被命名为“莺歌柳书”，是因为它最早是由产生于明代的柳子戏曲牌【莺歌柳】演化而成的。但从目前尚存曲调与柳子戏【莺歌柳】曲牌对照，已很难看出有明显的联系。

图一 莺歌柳书艺人进行演唱

关于莺歌柳书，另一说法是在民歌小调的基础上发展起来的。著名曲艺研究者张长弓在《河南坠子书》中谈道："那是一种小调曲子，哼来哼去，听起来非常动人，所以拿黄莺歌来形容它曲调的美妙悦耳，每逢新年新节城乡集镇都有玩唱的。"据老艺人介绍，在嘉庆年间已有程梦卜演唱莺歌柳书，道光年间又有程作舟闻名于鲁豫。由此可知，莺歌柳书距今已有二百年以上的历史。

到了清末，"莺歌柳书"与曹县一带流传的"渔鼓腔"相结合，衍生出了"渔鼓坠"，后称为"坠子书"。民国初年，随着"坠子书"的兴起，作为母体之一的"莺歌柳书"的演出逐渐减少，大多艺人也改习坠子书而逐渐忘却了老腔。而流传到河南一带的莺歌柳书则演变为自弹自唱、脚踏腿板的"脚板书"。不幸的是，据张长弓先生记载，20世纪20年代，莺歌柳书已在河南消亡。

菏泽已知最早的莺歌柳书艺人是清末民初的曹县仲堤圈艺人张瞎子（佚名，1848—1928）。他嗓音浑厚，吐字清晰，演唱起来富有情感变化，非常吸引人。据说，他在青山集庙会演唱《杨宗英下山》时，忽有踩高跷、跑旱船的路过，整个场子竟然纹丝未动。现在回想起来，莺歌柳书的兴盛时代，就是张瞎子活跃的时期。那时他主要演唱的曲目有《卷箔记》《下苏州》《王华买父》等。

莺歌柳书伴奏乐器较为简单，仅有三弦和八角鼓。三弦为中三弦，木质琴杆，琴身全长约75厘米，木质共鸣箱略呈扁椭圆形，长约22厘米，宽约19厘米，厚约7厘米，以蟒皮蒙面，鼓面中央置琴码，琴头部共置三轴，各系丝弦一根，定弦为"1""5""1"。八角鼓又名八旗鼓，为蟒皮蒙面的八角制品，有弹、打、颤、搓、推、晃、抡等演奏技巧。同时，左手做颤的动作，形成花点。

莺歌柳书作为稀有曲种，其演出形式较为简单，多为一弹一唱的双档，一人左手持八角鼓，右手敲击担任主唱，一人操三弦伴奏且帮腔，演唱起来有站有坐，表演稳重大方。

莺歌柳书的音乐原有多种曲牌，如【山坡羊】【节子韵】【越调】【平调】等。现在的莺歌柳书唱腔为韵白相间的单曲反复体，演唱极为规整。唱词韵散相间，以韵文为主，一韵到底，演唱风格古朴、深沉。莺歌柳书的四句腔

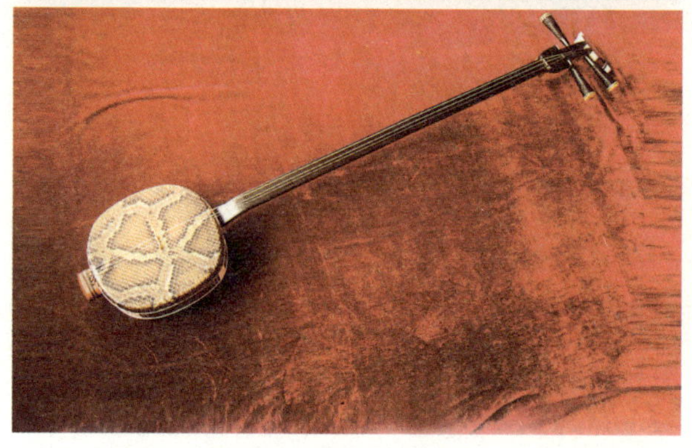

图二　莺歌柳书伴奏乐器

为徵调式，第一句落5（偶有落1者），二句落2，三句落5，第四句又落5，每句均为四小节，形成起、承、转、合的结构规律，而四句腔必有搭尾衬腔“哪哎哎呀哎哎嗯”。衬腔也是完整的四小节，富于表现力，形成了莺歌柳书唱腔的固有特点，或苦或乐、或讽刺揶揄进行调剂，以表示感情变化，给观众以情绪的满足。流传到河南的莺歌柳书则演变为盲人自弹三弦，脚蹬腿板、节子演唱的形式，又被称为“脚板书”。

莺歌柳书目前遗存的曲目仅有短篇书目54个，中长篇书目十余个。短篇书目唱词文雅规整，题材丰富，有较强的文学性；长篇书目故事情节曲折，人物形象生动，乡土气息浓郁。有表现男女爱情、才子佳人的书目，如《偷诗》《许仙游湖》《断桥》等；有讲述帝王将相故事的书目，如《草船借箭》《关公辞曹》等；有借古寓今、宣教伦理的书目，如《郭巨埋儿》《墙头记》《朱买臣休妻》等；更有贴近百姓生活的书目，如《两头忙》《拙老婆》《大吹大砍》等。语言生动，生活情趣浓郁，具有强烈的地方色彩。

莺歌柳书被曲艺界公认为稀有曲种，曾被认为是几乎绝响了的曲艺形式。莺歌柳书具有重要的曲艺博物价值，它的研究不仅对山东曲艺、豫皖曲艺，乃至北方曲艺、方言及民俗学的研究，都具有重要的学术意义。近年来，收集、挖掘了大部分莺歌柳书曲目抄本，深入莺歌柳书流行区域调查采访，并对部分老艺人及其唱段进行录音、录像，举办莺歌柳书演出，采用多种形式对这一

“活化石”进行了全方位的保存，扩大其在群众中的影响力。随着时代的发展，我们相信莺歌柳书这一曲艺形式将会焕发出顽强的生命力，并继续在齐鲁大地上传唱。

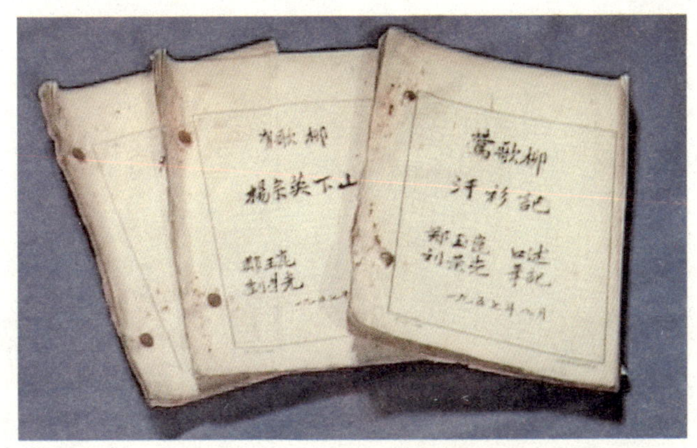

图三　莺歌柳书传统曲目抄本

山东落子（单县）

2006年，单县的“山东落子”被山东省人民政府列入第一批省级非物质文化遗产名录。2008年，被国务院列入第二批国家级非物质文化遗产名录。

单县地处山东西南部，苏、鲁、豫、皖四省交界处，南有黄河故道，东有微山湖。古时候，单县称为单父，为帝舜师单卷所居，春秋时为鲁国单父邑。在这一片文化底蕴深厚的土地上出现了一种名叫“山东落子”的曲艺形式，并流传至今。

山东落子演变自古代的“莲花落”，因其伴奏乐器主要为单页大钹（俗曰“咣咣”）、竹板，而不用管弦乐器，故俗称“咣咣书”“铙铙书”。山东落子风格粗犷强悍，具有浓厚的山东地方特色，尤其演唱到激情处，艺人们常将手中的响钹高高抛起，猛转身打个飞脚接住再唱，有声有色，节奏不乱，成为山东落子特有的绝活儿，因此艺人也被称为“飞天咣咣”“飞咣咣”。

图一　山东落子演出图

按照民间艺人的说法，落子的起源可上溯到东汉时的“范丹老祖”。传说范丹生活非常贫穷，曾靠要饭谋生，“是个专领要饭穷人的‘花子头’”。范丹要饭时就演唱快板书，曲艺艺人称范丹是落子的“老祖”，但目前尚未见有关史料记载。

民间的另一传说为：一位名叫郑元和的唐朝公子，是当时官员郑仁仰之子，与长安名妓李亚仙一见钟情。后来郑穷困，流落在曹州（今山东菏泽）一带，住在刘良寺，与众叫花子住在一起，编写唱词供他们乞讨时唱，并用竹块和寺院僧人用的铙作击节伴奏，从而创立了莲花落。该传说与明代冯梦龙所记郑公子“大雪中唱莲花落”（见冯梦龙《警世通言》第三十一卷）和戏曲《绣襦记》中郑元和始创莲花落的故事大体一致。明传奇《绣襦记》中有郑元和演唱莲花落的情节，第二十八出下场诗说：“愿唱莲花落，沿街做乞儿。”

南宋释普济《五灯会元》卷十九载：“俞道婆一日闻丐者唱莲花乐云：‘不因柳毅传书信，何缘得到洞庭湖？’忽大悟，以糍盘投地。”“莲花乐”即“莲花落”，“乐”与“落”音近，故可通用。按这种说法，莲花落本为僧家的警世歌曲，至宋代才有穷人讨饭歌唱的莲花落，并在民间流传。丐者沿门乞讨时唱的小曲，到了宋代也称“莲花乐”。

莲花落最兴盛时期是清朝，特别是在晚清，已演化为民间流行的晓晓书，即今天的山东落子。山东落子因系无管弦伴奏之徒歌形式，唱腔较随意，故而唱词比较口语化，易为听众所接受。同时也因其唱腔的灵活性，易受方言以及当地戏曲、小唱和其他曲种的影响。演员唱腔因人而异，形成不同风格，大致可分为三种。

第一种，流行于鲁中南、鲁西南的为“南口”，时间最早，影响较大。以前所唱“老口”落子，节奏缓慢多花腔，讲究迂回曲折，大起大落，婉转动听。后适应说书需要演变为“平腔”快口，讲究“卖词”，专唱大书。

第二种，流行于鲁西北临清、夏津、武城一带，即黄河以北鲁西北地区的为“北口”。北口重行腔变化，风格质朴，以清末崔玉臣（老玉）名声最著。他的弟子苟春盛进济南演唱，成为民初济南书坛“三大将”（苟春盛、杨凤山、黄春元）之首。

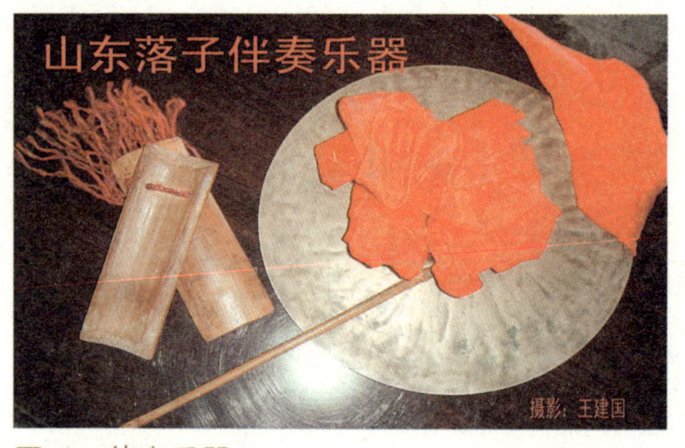

图二　伴奏乐器

第三种，流行于济南以及潍县、平度一带的为“东口”。最初也叫“慢口”，后向长于叙事的平口发展。著名艺人有“飞咣咣”季宝奎等。

山东落子的演唱内容，除保留一些宗教内容外，其余多是除暴安良、反贪刺虐、积善行孝的历史故事，再加上新创作的反映现实的尊老爱幼、遵纪守法等贴近群众生活的新内容，很容易引起人们的共鸣。

山东落子演出形式较为简单，均以单页铜钹、竹板作为伴奏乐器。一人自行打竹板击铜钹演唱，叫作“荷叶吊板”，亦曰“单吊板”；两人分击铜钹、竹板演唱，叫“双吊板”，亦曰“擎板”。段永廉（1900—1984）时期的落子演唱形式为三人表演，中间一人为主要表演者，手持一面大钹，用小木棒敲击伴奏。其他二人手持竹板和节子击打节奏。后来，又演变成一人自打自唱的形式，右手打板、左手敲钹，板贯穿于演唱的始终。在强拍出现时，钹则起间奏作用，不用其他乐器伴奏，行动自由，迅捷方便，这种形式一直延续至今。

山东落子属于吟唱型的板腔体结构，有慢板、中板、快板、急板、垛子等板式。音乐调式采用七声雅乐徵调式音阶，风格明亮，其快板铿锵有力，慢板抒情委婉，与鲁西南地方的戏曲、曲艺风格相近。落子的唱词大致押韵，以唱为主，有时穿插念白，曲调平坦，风格粗犷。唱词基本句式以七字或十字句为主，每句唱词的字数不太固定，一般为七至十二字，因此每句的长度也不固定，随句子长短而定。句首有时加上衬词“哎”，句尾有时加上衬词“哟”。

山东落子与其他姊妹艺术在曲目方面相互移植、改编，并使用当地方言演唱，形成了自己的语言特色，其风格诙谐、泼辣，通俗易懂，演唱曲调质朴无华，风格粗犷豪放，带有浓郁的乡土气息和地方色彩，具有显著的民间性，充分显示了鲁西南人民率直豪放的气质。其演唱随性发挥，表现力强，尤其在一人多角的表演上有较大的发挥空间。

图三 慰问演出留念

山东落子的历史悠久，是我国曲艺艺术中的一朵奇葩，在各个历史时期都曾发挥过重要的作用。它的唱腔和音乐，反映出它与其他民间戏曲和曲艺的相互借鉴的特点，可以从中发现我国民间曲艺艺术的共性与个性，来进一步探索其渊源和发展变化情况。莲花落孕育了评剧和二人转，山东落子又孕育了山东快书。目前在全国颇有影响的几个剧种，如评剧、越剧、花鼓戏、黄梅戏等，均与莲花落有密不可分的血缘关系。

山东落子是我国民间音乐的重要组成部分，也是集文学、音乐、表演为一体的综合性艺术。几千年来，劳动人民的辛勤耕耘不仅创造了辉煌的物质文明，也创造了特色鲜明的精神文明，山东落子已成为我国传统音乐的一个极其重要的组成部分和中华民族珍贵的文化遗产。

山东落子（巨野）

2009年，巨野县的“山东落子”被山东省人民政府列入省级非物质文化遗产扩展项目名录。

巨野，这个有着悠久历史的宝地，在原始社会时期，上古部落首领尧、舜、禹，就在这留下了宝贵的足迹。巨野县位于山东省西南部的且有“牡丹之乡”之美誉的菏泽，东毗孔子故里曲阜。古代的“莲花落”就流传于此。随着时间的推移，“莲花落”和巨野县的文化相互融合，形成了极具特色的山东落子。

山东落子以流传在鲁西南、鲁中南一带的“南口”落子为早，后有聊城以北的“北口”落子，济南以东的“东口”落子。其后，落子又相继传入豫东、安徽、江苏北部等地。清嘉庆末年，“南口”落子出现了刘本春等名家，其后的王合玉、王教增、乔玉山、李合钧（小胡椒）、侯教山（飞天咣咣）等，都是很有影响的落子艺人。

落子源出隋末唐初，是一种源于宗教，逐渐过渡到世俗化说唱的民间曲艺形式。僧侣募化所唱的“落花”曲子（《续高僧传》卷四十），唐代叫“散花落”，都是用来宣讲佛教教义的。至宋代才有贫人乞食歌唱的莲花落。到了明代，又在一般莲花落基础上产生了叙事莲花落。清中后期，落子具有了明显的说书特性，但从其保留曲目中，仍能看出浓郁的宗教色彩。从此唱曲与叙事两种莲花落并存。唱曲为主的莲花落在山东始于何时，目前尚无文献可证。傅

惜华所藏清咸丰六年（1856）的《百万句全》（手抄本），就有标明“山东莲花落”的《姐儿房中闷沉吟》《姐儿比作一枝梅》《姐儿房中把手招》三支曲子。而“山东落子”一词，最早见诸清道光十二年（1832）手抄本《赶板牌子曲、快书、岔曲、马头调各样曲》中。

山东落子是由音乐曲牌演唱演化而来的无管弦伴奏之徒歌形式，属于吟唱型的板腔结构体，演出形式简单，以单页铜钹、竹板为伴奏乐器。散韵相间，唱白自由，平顺开阔，风格粗犷。基本句式以七字句为主，上下两句反复吟唱，伴奏过门亦无定格，演唱者可根据情节、气氛与情绪表达需要，自由决定其长短。因其乡土气息浓郁、极富地方特色而深受群众喜爱。

20世纪二三十年代，山东落子曾经一度繁荣，巨野出现了冯庆海、褚福林等较有影响的落子演员。1957年山东省第一届曲艺会演中，冯庆海演唱的落子传统曲目《李存孝夺篙》获得表演三等奖；1962年，褚福林演唱的《小两口争灯》获全国曲艺调演优秀奖；1972年，褚福林演唱的《砸坦克》获山东省军区文艺汇演一等奖。

山东落子的主体乃是叙事性的哓哓书。其艺术特征是以大竹板及铜钹为伴奏乐器，演唱中常将铜钹高高抛起，颇类于元《刑法志》所禁唱的抛钹。明李诩《戒庵老人漫笔》卷五有云：“道家所唱有道情，僧家所唱有抛颂，词说如《西游记》《蓝关记》，实匹休耳。”《宋元明讲唱文学》（叶德均著）说：“僧人所唱《西游记》，当是玄奘取经故事，也就是《金瓶梅词话》十五回所记灯市的《煽响钹游脚僧演说三藏》。”从中可以看出，明代“抛颂”原是僧人以铜钹为伴奏乐器，演出时常将铜钹抛起的一种形式，与元代所禁之抛钹相同。明清之交，诸城丁耀亢所著《金屋梦》中也有打落子的记载。

图一　山东落子演员冯庆海在表演《李存孝夺篙》

山东落子是由宗教仪式发展成为民间说唱的曲艺形式，其早期带有大量的音乐曲牌，具有浓郁的宗教气氛。但自清中后期发展为民间说唱艺术后，逐渐演变为无弦索伴奏的吟诵式音乐结构，并且无固定唱腔，行腔可长可短，节奏可急可缓，自由随意，因此艺人唱腔音乐丰富多彩、不尽相同。

山东落子的伴奏乐器有单钹和竹板。单钹为铜质圆形，直径大约30厘米，中间隆起呈馒头状，可击出亮音、哑音、顿音等不同的声响，演员可根据表演情绪时而抱在怀中，时而举过头顶。竹板又叫“毛竹大板”，是用皮条系在一起的两块瓦形竹板，两块竹板形状和尺寸大小相同，每块长约18厘米，宽约8厘米。

山东落子艺术的互融性与较强的地域性，使其在表现人物形象时淋漓尽致。山东落子从宗教音乐演变为曲艺形式时，为了吸引听众，大量移植改编姊妹艺术的长短篇曲目，并进行了曲种化改造，使其具有了独特的语言特色，同时也增加了曲种间的交流。其优秀曲目也被其他曲种移植改编，如《大关西》（大闹马家店）、《小关西》（鲁达除霸）就被山东快书移植，并成为保留节目。

山东落子的演出形式简单粗犷，多数为一人左手敲单扇大铜钹，右手打竹板

图二　山东落子艺人参加农村文化艺术节　（摄影：姚继平）

图三　送文化进敬老院　（摄影：姚继平）

的单人表演形式，其演唱不拘弦索，随性发挥，表现力强，尤其在一人多角的表演上有较大的发挥空间。如在《白蛇传》的表演中，艺人时而以二本嗓表现法海的凶恶，时而以悠扬的唱腔表现白蛇的多情，配合板、钹的轻打重击，人物转换迅速，将人物形象表现得淋漓尽致。山东落子音乐由曲牌体发展为适应说书需要的吟诵体，其规律性特征，对研究说唱音乐发展过程有重要价值。同时，其唱腔简单实用、表现丰富，具有极大的表意上的发挥空间，而且它兼容性强，极易吸收各方面的“营养”为已所用，因而其地方色彩更加突出。

山东落子风格独特、气势威武，表现出浓郁的地方特色，充分显示了鲁西南人民率直彪悍的精神气质。它显示了宗教艺术向民间艺术转变的规律性特征，是中国曲艺发展脉络的活体标本，具有重要的学术价值。其曲词和表演方式，具有很强的象征意义和重要的文化价值。现在，当地积极对山东落子进行有关方面的保护，鼓励老艺人收徒，培养了一大批落子继承人。同时，收集大批落子曲目抄本，对老艺人及其唱段进行录音、录像，使山东落子在厚重深沃的土地上生生不息。

山东琴书（郓城）

2009年，郓城县的“山东琴书”被山东省人民政府列入省级非物质文化遗产扩展项目名录。2011年，被国务院列入国家级非物质文化遗产扩展项目名录。

山东琴书自明初起兴盛于郓城一带，至今有600多年的历史。郓城位于山东省西南部，地势平坦，气候宜人。郓城堪称千年古县，历史悠久，据《左传》载：“成公四年冬城郓。”郓城是全国四大古老剧种之一——“柳子戏”的发祥地，也是鲁西南流行最广剧种“山东梆子”“山东枣梆”“两夹弦”的重要发祥地，有着极为丰富的历史文化景观。山东琴书后经艺人传唱，流传至山东各地和河南、江苏、安徽的北部，河北的南部及东北的个别地区，并逐渐扩展至全国。

山东琴书的传统代表性节目很多，长篇有《白蛇传》《秋江》及从其他曲艺形式中移植来的《杨家将》《包公案》《大红袍》等多部，中篇有《王定保借当》《三上寿》《梁祝姻缘记》等100多部，短段儿多为早期小曲子节目中传承下来的经典之作。

山东琴书最初叫“扬琴”，也有叫“打扬琴的”，或“唱小曲的”。《郓城县志》载：“琴曲始出于书香之家。”相传明初郓籍李子慎等人善抓筝弹琴，独创了许多曲谱，流传于民间，后经王尚田等艺人的改造，形成了山东琴书。郓城至今尚流传着这样一首琴曲史歌：

“头辈师爷王尚田，善通琴画书，闻名东平湖。

二辈师爷陈兴顺，乾隆年间熟书琴，水堡传艺十几载，回家又教陈大俊。

三辈师爷陈大俊，熟书法知琴论，传艺到汉口，后传外甥刘道友。

刘道友四辈师，乾隆六十年到山西，走三关到汴梁，去过淮河和凤阳。

五辈师爷陈廷展，凤阳歌唱出快中慢，道光二十单八年，传给陈来元。

六辈师爷陈来元，光绪十八年把艺传，乃文法经不全套。

七辈传给陈怀教，陈怀教琴曲艺术全，称为铁嘴硬头钎。

第八代陈乃端，又会写又会演，继承了琴书又发展，搬上舞台当大戏演……”

山东琴书在明永乐年间初具雏形，清末渐趋兴盛，名家辈出，表演也分为了南、北、东三路。南路最早，以茹兴礼为代表，称为茹派。茹派不用巧调花腔，重声腔、咬字，唱段多愤世之作。北路以邓九如为代表，称为邓派。邓派善用方言俚语，于纯朴中见幽默，平易中求韵味。东路以商业兴为代表，称为商派。其唱腔优美，富于变化。

琴书渐渐冲破了文人雅士的小圈子，在当地农民中流传开来。由起初文人雅士的“携琴访友”变成农闲或节日聚会的自娱性“庄稼耍”或“玩局”。

图一　山东琴书伴奏乐器

至清代末年，这种业余玩局琴书演唱社，在郓城一带农村十分盛行。这时期的演唱依然保持着“琴筝清曲”时的书词尚文采、注重音乐性的特点，其演出虽以娱乐为目的，但重在比较唱腔的优美、曲牌的多寡，以及乐器演奏技巧的高低，还有浓重的文人雅士弹唱抒怀的情趣，缺少江湖气。

山东琴书为民间小曲的联唱体，共有小曲200余支，最盛时演唱曲牌和演奏曲牌达到了300多个，在这些曲牌中，【上河调】【凤阳歌】【梅花落】最常用。山东琴书以扬琴为主奏乐器，另有筝、坠琴、京胡、板胡、软弓胡、四股弦、蝶子、大板梆子等伴奏。传统曲目分牌子曲、中篇、长篇3类，共有曲目100多个，书帽、诗、引600余首。

从形式上看，琴书属于坐唱形式的曲艺。演唱者在演唱时坐成“八”字形，扬琴居中，其他乐器分列两旁。演员各持乐器，自拉自唱。随着演唱故事的发展，演唱者同时扮演故事中的角色，并有生、旦、丑的分工。他们以这样的形式塑造的人物，立体感很强。

山东琴书的演出者一般为二至五人，演唱者分赶角色，也兼乐器伴奏。分赶角色者一般二至三人，余者为伴奏兼伴唱。传统的演唱讲究稳重大方，仪态端庄，全靠富于变化的唱腔和生动的伴奏相配合来完成故事情节的表现和人物形象的刻画。随着时间的推移和艺术的发展，山东琴书的演唱方式逐渐打破了陈规。如演唱者可根据故事情节的发展和人物感情的变化改变表情，有时亦可略加手势以助表演；在演唱中演员之间可进行感情交流，还可与观众直接交流，但其演唱风格依然保持了稳重大方的基本特点。

图二　山东琴书的表演

山东琴书在民间

流传日盛，清光绪年间，陈怀教在刘官屯等10余村收徒传艺，形成了遍及全县的郓城琴书。艺人们创编移植了一大批适应群众口味的新节目，丰富了演唱内容。琴书的音乐结构也由原来的曲牌联唱，变为以唱“凤阳歌”“垛子板”两种曲调为主，并根据板式变化穿插使用曲牌，唱词变得通俗易懂，演唱风格也由以前的纤柔细腻变得活泼质朴。

图三　山东琴书在全国非遗曲艺周表演

1949年以前，曲艺演唱都是艺人走村串乡；1949年以后才逐步发展到登台化妆演唱。1957年，在唐塔路老郓城剧院东侧建起曲艺厅，有座位200个。1981年，县文化馆将原来农业展览厅改建成曲艺厅，购置连椅102张，可容观众440人，建小型舞台，并添置幕布、灯具、扩音等设备，供本县和外地曲艺队演出。

山东琴书经过几代人的传承发展，拥有了极为丰富的文化底蕴，它是吕剧的直接母体，对吕剧的发生发展产生过重大影响。山东琴书的音乐和表演具有浓郁的生活气息，贴近群众，贴近现实，成为广大人民群众喜闻乐见的艺术形式。山东琴书的形成和衍变过程，为我们研究中国民间艺术的发展规律提供了鲜活的资料。山东琴书的许多传统剧目，至今还保留着深刻的时代印记，对研究民俗文化发挥着重要作用，具有很高的历史价值。至今，国家对山东琴书的传承与保护从未有过松懈，专家、学者也对已公开发表的与山东琴书相关的资料做了系统的收集和整理，存档保管，并汇编成册公开出版。

在历代艺人的专注与努力下，山东琴书虽历经百年风雨，却依然枝繁叶茂、生机勃勃。它扎根于民间，源自于人民，并潜移默化地影响、教化着一代又一代的人们。

评 词

2009年，济南市的“评词”被山东省人民政府列入第二批省级非物质文化遗产名录。

“评者，论也，以古事而今说，再加以评论，谓之评书。”山东评词诞生、发展并繁荣于中华民族古老文明的发祥地之一——山东省，是使用山东方言表演的一种古老艺术，历史源远流长，《墨子·耕柱》篇云：“能谈辩者谈辩，能说书者说书。”演唱者只需用折扇一把，醒木一方，便可谈古论今。表演者讲述故事，动人心魄；刻画人物，惟妙惟肖；夹评夹议，趣味横生。

山东评词源于讲故事，在各种说唱艺术形式中形成最早，起初叫作“说话”。隋唐已见记载，至宋代汴京勾栏瓦肆中已有“说话四家”。这反映出民间说话的流行盛况。从明代冯梦龙所辑“三言”等宋以来的话本看，评词基本皆以说话为主，反映出自宋元以来其发展的基本面貌，但如何由说话演变发展而来，目前尚未发现有关记载。

自清末以来，山东各地评词艺人，主要来自两个方面。其一为鼓书艺人改行。很多鼓书艺人因为倒嗓难以继续演唱鼓曲鼓词而改此业。如原唱山东大鼓的济南傅泰臣、原唱西河大鼓的淄博张静波等，均属鼓书艺人改行，其中成就最高的要数傅泰臣。傅泰臣说唱经验丰富，社会阅历深广，艺术态度严谨，善能说大书，讲俗理，摹人状物细致入微，颇具幽默感，表演袍带书、短打书皆有特色，所演《响马传》《龙衣案》等脍炙人口，被誉为“一代山东评词大家”。其二为落魄文人编写书词，下海作艺。这部分艺人在山东评词演员中也有一定比例，他们文化层次较高，上演书目多是自己创作或改编，对人情事态鞭辟入里，对史籍典故解说详尽，讲今比古，常作警示之语，但在运用传统说书技法和揣摩听众心理方面，稍逊于第一部分艺人。还有的直接照本宣科，成为“揭页子”的艺人，根本谈不上说书技巧。总体看来这部分评词艺人艺术格调较高，不入流俗，易为较高层次的观众接受。这一类中以济宁善说《聊斋》的山东评词高手张善仰，和说《三国》、讲《聊斋》名满鲁北的山东评书高手利津尚五为代表。近代山东各地表演评词者虽不乏人，但缺少世代相传的评词世家。

图一　评书泰斗傅泰臣

山东评词有三件不可缺少的道具，那就是：扇子、醒木、手帕。评词艺人使用的这几件道具，学艺时不能自备，由师父提供；出徒时再由师父赠送，并举行一定的仪式，送徒弟“下山”。

在语言运用上，山东评词使用口头语言说演，以第三人称的叙述和介绍为主，并在艺术上形成了一套自身独有的程式与规范。比如传统的表演程序一般是：先念一段“定场诗”，或说段小故事，然后进入正式表演。正式表演时，

图二　“百姓说书家”刘延广

以叙述故事并讲评故事中的人情事理为主。介绍新出现的人物时，就要说“开脸儿”，即将人物的来历、身份、相貌、性格等等特征做一描述或交代；讲述故事的场景，称作“摆砌末”；赞美故事中人物的品德、相貌或风景名胜，会念诵大段落对偶句式的骈体韵文，称作“赋赞”，它极富音乐性和语言的美感；说到紧要处或精彩处，常常又会使用“垛句”或曰“串口”，即使用排比句式以强化演出效果。在故事的说演上，为了吸引听众，把制造悬念、使用“关子”和“扣子”作为根本的结构手法，从而使其表演滔滔不绝、头头是道，而且环环相扣、引人入胜。摹人状物细致入微、动作洗练、刻意传神，能掌握手势身法、喜怒哀乐种种表情，刻画人物形象生动、惟妙惟肖。简单的表演形式，兼以北方语音为基础、以山东语音为标准音调的话语说演，推动了山东评词的民俗化。

山东评词艺术重视地域性文化资源的整合和开掘，强调艺术个性，突出山东评词的特色，即故事拟人心弦，情感曲折动人，道理以理服人。

在继承民族曲艺优秀传统的同时，评词艺人注重及时吸收、融汇新的表现因素，来丰富山东评词艺术。傅泰臣先生的弟子刘延广是山东评词新一代的代表人和传承人，说书简洁而不赘，动作洒脱而不碎，只要情节交代清楚，绝不拖泥带水，亦找不到半点媚气与轻浮，深受大众欢迎。

“说新唱新”增加了山东评词的魅力。“说新”即故事新、内容新、人物新，“唱新”即与表现新故事、反映新内容、塑造新人物所用到的新的艺术表现手段和方法。“说新唱新”是优秀传统和现代意识的有机结合，体现了现代山东评词人在艺术上的与时俱进，在实践中对评词艺术规律的不断探索、印

图三　“说新唱新”是刘延广说书的特色

证。同时，山东评词强调艺术个性，突出山东特色，以“我是山东人”的自信，立足山东本地，讴歌山东文化，用山东人美的“形象”说山东人美的故事，追求“山东人”的人格魅力与艺术魅力的和谐统一，使山东评词在山东境内具备了广泛的群众基础。其作品有《虎口夺盐》《抓舌头》《侦察济南府》《智擒“燕子李三”》等。

在尊重观众“重听觉”听书传统的同时，评词艺人重视“现场交流”，增进山东评词的“可视性”，以适应当代观众的审美情趣。这也是山东评词能够“艺术之树常青”和走出山东、走向全国的一个缘由。

山东评词作为一种平民的艺术，提倡“忠孝节义”，称颂侠义，赞美英雄，彰显出底层人民热烈淳朴又不失理想的人生哲学，又以其广泛的传颂性，影响着民众的价值追求，把历代评词串联成一部浪漫化的中国历史，使中国传统文化观念深入人心。为了促进山东评词的繁荣，让山东评词在更多样化的舞台上发光，需要我们去亲身体验、体味民族曲艺文化的特征，传递山东人民不甘于湮没在历史长河中的英雄主义，使山东评词经久不衰地传承和发扬下去。